JN409016

여행 떠난 당신에게 부치는 편지

이 명 흠 시집

시와사람

국립중앙도서관 출판시도서목록(CIP)

여행 떠난 당신에게 부치는 편지 : 이명흠 시집 /
지은이: 이명흠. -- 광주 : 시와사람, 2012
p. ; cm. -- (오늘의 시와사람 ; 068)

ISBN 978-89-5665-350-1 03810 : ₩10000

한국 현대시[韓國 現代詩]

811.7-KDC5
895.715-DDC21 CIP2012001874

여행 떠난 당신에게 부치는 편지

■시집을 펴내며

오래 전부터 마음 속에 시심을 간직하며 살다가 젊은 시절을 다 보내고 늦깎이로 시인이 되었습니다. 그러나 바쁜 군정에 쫓겨 창작생활에 매진하지 못 하다가 이제야 시집을 펴내었습니다.

내 길은 외로운 길, 당신 그리워 괴로울 때 글을 토해 냅니다.

토하지 않으면 죽을 것 같아 계속 토하고 또 토합니다.

토악질이 멈춰지고 글이 완성되면 성과에 대한 희열이 행복으로 가득찹니다. 누가 그 최면의 맛을 알겠습니까.

내 길은 외로운 길입니다. 그러나 시와 함께 가는 길은 외롭지 않습니다.

나의 외로움을 메꾸어 주던 당신은 여행을 떠났습니다. 내가 믿는 것은 당신은 여행 중 언젠가는 되돌아 올 것이라는 사실입니다. 그래서 시어로 편지를 쓰고, 편지를 부치는 것입니다.

또 나는 이런 독자와 함께 동행하고 싶습니다.

소롯이 찾아와 창문 여는 듯 마는 듯 가벼운 미소로 눈길 주는 귀여운 당신이라면,

바쁜 일상 부지런함 속에서 자신감 넘치는 밝은 음성으로 안부 물어주는 자상한 당신이라면,

좋을 땐 한없이 사랑하고 싫으면 곧장 헤어지자고 엄포 놓는 밉지 않은 당신이라면,

조용한 말씨와 단정한 매무새로 무던히도 상대방을 배려하는 속 깊은 당신이라면,

당찬 삶으로 어려움을 극복하여 최고 경지의 예술혼을 불태우는 의지의 당신이라면,

나는 이런 독자들을 사랑하고 싶습니다. 평생 함께하고 싶습니다.

아직 너무나도 부족한 실력이지만 내가 시를 쓸 수 있음을 천만다행으로 생각합니다.

끝으로 내 삶과 문학의 원천이 된 어머니와 여전히 나의 고통이고 기쁨인 저 세상의 아내에게 이 시집을 바칩니다. 더불어 발문을 써주신 소설가 한승원 님과 해설을 써주신 문학평론가 강경호 님, 그림을 그려주신 김선두, 박인옥, 이승대, 공옥희 님께도 감사의 말씀을 올립니다.

2012년 봄날,
장흥에서 이명흠 쓰고 그리다

■발문

사랑이 떠난 아픈 자리에 시가 들어와 있다

한 승 원
(시인, 소설가)

어느 날 사랑이 그에게서 떠나가자 사랑이 떠난 그 아픈 자리에 문득 시가 들어와 있는, 그는 그러한 시인이다. 이명흠, 그에게 있어 시는 김소월의 경우처럼 아픔의 치유이자 싱싱한 생명력의 슬픈 신명이다. 때문에 그의 시는 김영랑의 경우처럼 「찬란한 슬픔의 봄」 같은 사랑에 대한 눈물겨운 헌사이다. 그의 백 편에 가까운 시들 가운데 가장 빛나는 것은 역시 떠나간 사랑에 대한 것들이다. 그의 시는 쓴 시가 아니고 쓰여진 시이다. 언어를 비틀어 짜지 않고 아픈 가슴을 순하게 투사(透寫)한다. 그는 명징한 눈을 가졌으면서도 눈으로 시를 쓰지 않고 가슴으로 쓴다. 그것은 그의 운명이다.

옷 추스려,
건강하게 오래 오래 혼자 살려고
산에 갔다네.

푸드득 한 생명 날아와
내 앞에 앉은
저 산비둘기도 혼자라네.

전에는 혼자라도 슬프지 않았는데
오늘따라 저 비둘기
왜 그리 초라할까.

왜 슬프게 보일까.
-「산비둘기」 전문

당신 보러 만년산에 올랐네
찌르륵 짹짹
새 소리

쏴아쏴아, 조올 졸
물소리는 예나 같고
당신만 보이지 않네

멀리, 저 멀리
골짜기 타고 산을 흘러
당신 목소리인 양 독경소리 슬픈네

어느새 당신은 내 옆에 와 앉네
당신의 숨결 초록 잎으로 파르르 떨리네.
-「만년산」 전문

사랑의 시만큼 가슴을 울리는 시는 없다. 그는 지금 혼자 살고 있지만 결코 혼자 살고 있지 않다. 떠나간 사랑과 함께 산다. 그가 시를 쓰지만 사실은 그의 사랑이 쓴다. 그의 시는 그의 의도에 의해서가 아니고 사랑에 의해서 쓰여지는 것이다. 때문에 그의 시는 기교를 동반하지 않는다. 그냥 말 하듯이 뱉어내는데, 그것이 시로 앙금지고 있는 것이다.

모든 시는 그것을 쓴 사람의 가슴의 독특한 풍경이기 마련이다. 모든 풍경은 보는 자의 눈과 가슴이 입은 상처라는 안경을 통해 프리즘으로 투영되는 것이다. 그러므로 그의 사랑시의 면면은 나의 눈물샘이나 울음보를 자극하여 눈시울을 뜨겁게 하고 코를 시큰하게 한다.

낡고 좁은 방
더 가까워서 좋았고

사치스런 옷자락 없어
순수했다

사랑하는 방법 몰라 수줍고
가녀린 새가슴 빨갛게 타도
묵언의 눈빛은 행복했다

벌써 수십 세월 흘러
진홍의 가을 잎 떨어질 때면

흠뻑 그날의 그리움으로
오솔길 함께 걷고 싶다
-「그리움」 전문

당신이 땅에 묻힐 때
나도 당신과 함께 묻혔습니다
당신의 무덤에 싹이 무성할수록
우리의 사랑도 푸르릅니다

그러나 나의 몸은 지상에 남아
당신을 그리워 합니다

저녁 무렵 현관문을 열면
미소 지으며 당신이 나를 맞을 것 같은데
나를 맞는 것은 썰렁한 냉기뿐
집안은 너무 넓고 고요 합니다

당신이 앉았던 화장대,
당신이 밥상을 마련하던 주방,
당신의 손길이 거쳤던 것들이지만

어쩐지 낯설게 느껴져 슬픕니다

나의 혼은 이미 당신과 함께 묻히고
수수깡 같은 허우대만 혼자 남아
어찌할 줄 모릅니다

오늘도 비가 내립니다
비를 맞으면 온 몸이 아파오지만
비가 오는 날은 당신이 오는 날,
그 비를 피할 수 없어
온 몸으로 비를 맞고 있습니다.

-「당신이 떠난 뒤」 전문

그의 시의 무기는 순수이다. 현란한 기교는 성장(盛粧)을 하고 거리에 나서는 것에 비견된다. 기교 왕성한 시는 기교만 보이고 그 순수한 몸은 보이지 않기 마련이다. 시에서 순수는 알몸으로 말하기이다. 부끄러움을 앞세운다면 애초에 알몸이 될 수 없다. 솔직 담백한 몸으로, 몸짓으로 말하기보다 더 감동적인 시어는 없다. 그의 시는 몸짓이다. 당신이 그의 시들 전편을 읽는다면 내가 지적한 것보다 더욱 많은 감동을 앙가슴으로 보듬게 될 것이다. 나는 순수한 맨 얼굴의 참한 시인을 발견한 즐거움과 이 흥분을 오늘 밤 술 한 잔으로 가라앉혀야겠다.

여행 떠난 당신에게 부치는 편지/차례

1 흑백사진

2 당신

3 고향 예찬

4 행복의 차이

1

흑백사진

김치

광주서석초등학교로 전학 갔는데
모두가 잘 사는 집 아이들이었다
그 틈에서도 시골촌놈인 나는 공부를 잘했다
짝꿍은 유리병에 계란말이와 새 김치를 담아왔지만
내 도시락엔 역겨운 냄새나는
나를 닮아 지독히도 짠 무가 전부였다

짝꿍의 계란말이가 먹고 싶었다
침을 질질 흘리면서도 꾹 참는 내게
철없는 짝꿍은 내 도시락을 엎어버렸다
그날 나는 아무도 모르게 변소간에서 울었다
내 유년을 버티게 한 것은
공부 잘한다고 칭찬해주시는 선생님의 말씀이었다.

어머니의 칭찬

남의 집 셋방에서 살던 까마득한 유년
'서당까끔' 산에서 갈퀴나무 한 구덕을 해왔다
어린것의 마음이 대견해
어미는 "오메 내 새끼"하면서 칭찬하셨다.
그 칭찬에 배부른 나는
허기진 내 유년의 마음을 배불리기 위해
자꾸 갈퀴나무를 해 날랐다
고사리 같은 손이 갈퀴질 할 때마다
솔잎이, 여린 손을 자꾸 찔러 아팠지만
그것쯤이야 아무 것도 아니었다
한 번은 한 짐 가득 땔나무를 해 왔는데
집에 어머니가 안 계셨다
어머니의 칭찬을 먹고 사는 나는
무척 서운해 엉엉 울었다
갸날픈 어깨를 짓누르는 나무 짐의 무게쯤이야
아무것도 아니었다
밤늦게 밭에서 돌아온 어머니는
내 어깨를 꼬옥 껴안아 주셨다.

서당에 처음 가던 날

초등학교 입학하기 전에 서당에 다녔다
사람이 되기 위해서는 배워야 한다는 것이다
처음 서당에 가던 날
서당 근처 산모퉁이에서
서당 훈장님께 절하는 방법을
외사촌 이재이 형님이 가르쳐줬다
처음에는 어색한 절하는 법도
점차 익숙해져
훈장님께 넙죽 절을 드렸다

하늘 천 따지를 배우기도 전에,
글자를 배우기도 전에
처음 배운 절하는 방법
두 손 땅바닥에 모으고
항복하듯이 온몸을 굽혀
머리 숙여 하는 절,
그러나 요즘 사람들은
학교에서 늦게까지 공부하고
그것도 모자라 학원에서 과외를 받아도

머리 꼿꼿이 세운 채 멀뚱멀뚱 바라만 본다
당당해 보이지만
어쩐지 노려보는 것 같다

가을 논길을 가다가
고개 숙인 여문곡식들이
마치 절하는 것처럼 보인다
그 곡식들을 보면
마음이 착해지고 순해지고
서당에 처음 나간 날처럼
어른을 공경하는 마음이 우러난다.

어머니의 바느질

바느질 솜씨가 좋은 어머니는
한복집에 나가 일꺼리와 품삯을 받아 오셨다
동명동 셋방에서 살 때였다
어머니는 금동시장 한복집에 가시고
집에 혼자 남은 나는 어머니가 걱정되어
우산을 들고 찾아가려 했다
빗물이 넘쳐 집밖으로 나가지 못했다
더욱 어머니가 걱정되어 우산을 들고 집밖으로 나갔다
넘쳐나는 물 때문에 갈수가 없어
길바닥에 주저앉아 울어버렸다
비를 다 맞고 밤늦게 돌아오신 어머니를 보자
나는 또 다시 엉엉 울어버렸다
어머니는 내가 잠이 들자
잠든 나를 바라보시며 눈물을 훔쳤다
당신은 옷소매가 터지고
버선이 닳아지고
허허롭게 마음에 구멍이 새어도
찬바람이 새는 아들의 바지를 기우고
터진 아들의 밥그릇을 기우고

찢어진 아들의 고무신을 기우고
낮이나 밤이나
어머니는 내 생을 튼실하게
한땀 한땀 바느질 하셨다.

삽화 | 공옥희

흑백사진

어머니는 나를 가르치기 위해
장흥에서 광주로 전학시켰다
광주로 이사가기 전에
같은 반 아이들과 사진을 찍었다
들판에서 보리가 파랗게 자랄 때였다
사촌 재수형과 친구 정식이, 근춘이, 남식이
그리고 이름이 생각 안 나지만
친구 몇몇과 함께 사진을 찍었다
수십 년이 지났지만 그 흑백사진이
내 마음속에 남아있다
이제는 재수형과 정식이는 세상을 떠나고
친구들도 늙어가고 있는데
그 때 찍은 사진이 보이지 않는다
내 마음 속에 아직도 파랗게 보리가 자라는데
흑백 사진 속의 아이들 머리카락이
어느새 희끗희끗 해지고 있다.

철없는 소년

대학에 들어갔지만
나는 땡전 한 푼 없어 등록금 걱정이었다
하숙은 생각할 수도 없었고
자취하려 해도 방 얻을 돈은 물론
숟가락, 밥그릇 하나 없었다
육촌 형님 집에 빈대처럼 붙었는데
형수는 아침마다 도시락 여섯 개를 쌌다
철없는 소년은 노는 분위기에 휩싸여
공부는 뒷전, 노는데 집중했다
이런 나에게 등록금을 못주겠다는 어머니 말씀은
나를 불효자로 만들었다
사고칠까 봐 전전긍긍하며
어머니는 내 눈치만 살피셨다
그때는 왜 그렇게 철딱서니가 없었을까
외가마을에 혼자 남아 피땀을 흘리셨던 어머니를 생각하면
수십 년 전 속없었던 내가 밉고
가슴이 미어지게 아파오는데
그날의 어머니는
내 마음 속에 남아
아직도 밭에서 호미질만 하신다.

단체사진

단체사진 찍을 때마다
기억 속에 없는 아버지 생각난다
강제 징용되어
일본군 해군훈련소에서 기념촬영한
단체사진 속의 낯선 얼굴,
생각날 때마다 자주 들여다 보며
그리움 삭혔던 사진 속 아버지

학교 소풍 가서 단체사진 찍을 때
수학여행 가서 단체사진 찍을 때
졸업사진 찍을 때마다
등산 가서 단체사진 찍을 때
공직에서 단체사진 찍을 때
수많은 사람들 중에서
가장 나를 닮은 얼굴 떠오른다

단체사진 속이라
워낙 작아보이는 얼굴
이제는 침침해 잘 알아볼 수 없을 것 같은

아니, 어디에 놔두었는지 알 수 없는 사진
그러나 내 생각속에 각인된 흑백사진 속
나보다 더 젊은 앳된 훈련병의 모습을 그리워하며
나는 단체사진을 찍을 때마다
6·25 때 행방불명이 된
기억에도 없는 아버지를 생각한다.

남도의 성하를 동행하는
대한민국 정남진물축제

남도극장

어머니가 바느질 하시던
광주 금동시장
지금은 보신탕집과 떡집 몇몇만 남았지만
옛날에는 번성했었다
그 부근 언저리에 남도극장이 있었는데
그 곳에서 국극단 공연이 있을 때마다
국극단을 좋아하시던 어머니를 따라가곤 했다
지금도 주인공 '임춘앵'의 슬픈 목소리가 생각난다
중학교 2학년 때 였던가
남도극장에서 '모란이 피기까지는'이라는 영화를
혼자 보러갔다가 충격을 먹었다
'태현실'이 여주인공으로 나오는
평범한 가족드라마였지만
찢어지게 가난한 내 생활을 보게 해주고
단란한 가족이 얼마나 행복한 것인지를 느끼게 해줬다
아버지도 없이 어머니와 같이 살면서
고생하시는 어머니가 불쌍하다는 생각이 들고
쪼들리며 팍팍하게 사는 내가 가엾어 보였다
어머니를 보기 위해 가끔 남도극장을 지나곤 했는데

수십 년이 지나
이제 남도극장은 헐리고
금동시장도 쇠락해져
그 앞을 지날 때면
허기지고 남루한 소년 하나가 보인다.

삽화 | 공옥희

정남진 청정 장흥

노령산맥 끝자락 하늘이 내린 관을 쓴
천관산
도란도란 오순도순 물, 빛, 소리
청정 탐진강변
물축제

며느리바위 푸른 옷자락 꽃구름 맴돌고
굽이굽이 흐르는
고향은 지금
토요시장 소고기
탑라이스 쌀
솔밭 표고
정남진 청정 장흥 품속

햇살에 노래하고 초원의 꿈 그리며
사랑도 미움도 모른 채
호기심 많은 소녀처럼
두근거리는 가슴으로
우리 함께

하얀 꿈을 실천하며
떠들썩한 호랑나비
정남진 토요시장 청정 장흥

우리 모두
숨결 담아 희망의 햇살
복된 내일을 위하여
잘 사는 정남진 청정 장흥을 위하여

삽화 | 공옥희

눈길

오십 년 전 어린 날처럼
눈이 무릎을 적시는
고향마을 가는 길
늙은 어머니 혼자서 지키는 고향집
그날처럼 눈이 내린다

고향을 떠나온 후
눈이 내리면 속이 불편했다
학교를 졸업하고 대처에 붙박혀 살 때
고향이 날 원망하듯
자꾸만 눈길 속으로 밀어넣었다

고향을 버린 것도 아닌데
눈보라 속에서 떠나온 고향이
자꾸만 어른거렸다
쿨럭이는 어머니 기침소리가
머리 속에서 떠나지 않았다

눈이 내리는 대한, 소한 무렵

어머니가 나를 부르는 소리가 들렸다
마을 어귀에서 나를 기다리는
어머니의 모습이 눈물 속에 얼비쳤다

세월이 흐를수록
나의 죄는 깊어지는데
오십 년 전 고향을 떠나올 때 들었던
눈 밟던 소리가 들려왔다

그날처럼 눈내리는 날
아내와 아이와 함께 가는
고향길이 미끄럽다.

탐진강 징검다리에서 유년의 꿈을 색칠하는 하동들

수몰지구를 지나며

탐진호를 지나며
푸른 물을 바라본다
저 물 아래 유치면소의 짜장면집이 떠오르고
대처로 이사 간 누군가의 장독대가 생각난다

한때 내가 지나가던 보림사 아래
산 밑으로 구불거리며 지나가던 하얀 길과
노랗게 단풍 든 길 가의 은행나무가 보인다

이제는 물가에 망향비 하나 서 있는데
함께 운동회를 하던 마을 사람들
옛 고향 잊지 못해 푸른 물만 바라보다 간다는데
물이 줄어들 때면 나타나는
앙상한 가지의 죽은 감나무가 애처롭다

유치면소도 이사 가고
사람들도 모두 떠난 수몰지구를 지나며
물 속에 고향을 빠트린 사람들을 생각한다.

미백 선생님 영전에

천년의 학이 날아와 앉듯
고향마을 햇살 받으며
따스하게 웃으시던 미백 선배님!

하늘에 뭉게구름 타고 가시나요!
고향의 옥색 바다, 조각배를 타고 가시나요!

유난스럽게 울어대는 매미 소리에 잠이 깬 이른 아침
선배님의 비보를 전해 듣고 철렁 내려앉은 가슴은
주체할 수 없는 울렁거림에
좀처럼 진정되지 않았습니다.

선생님께 띄운 저의 편지를 받으시고
며칠 전
"군정에 바쁜데 하찮은 나까지 군수께서 챙겨주시다니
죄송스럽습니다"하시며
"그래도 조금은 견딜 만하다"하시더니
이렇게 홀연히 가신단 말입니까?

한 고을을 책임 하는 군수가 아닌
늦깎이 문인 후배로
더 따스하게 격려해주시고
우리 문학계의 큰 별이신 당신께서 스스로를 낮추시며
후배인 저에게 늘 말을 올려
몸 둘 바를 모르게 하시던 선배님!

지난밤 뭉게구름 일더니
칠십 인연 쓰시던 붓,
그 인연 다하여 던지셨군요.

서글한 눈으로 늘 말없이 웃으시며
"할 말은 붓 끝에 있다"하시더니
아직은 성성하기만 한 그 붓을
어찌 그리 쉽게 놓으셨습니까?

늘 울고 넘던 고갯마루!
함께하던 까까머리 친구들!
흙먼지 길 달려오던 고향, 그 언저리……

어찌 당신이 정 주었던 그 소재들을
다 헤아릴 수 있겠습니까!

그저 당신이 타신 꽃구름 보면서
어디로 가시느냐 묻지 않겠습니다.
다만, 지금 선배님의
하얀 머리에 그 미소가 보고 싶습니다.
그런데 자꾸만 눈이 시립니다.

"밤하늘 찬란한 별, 어디로 가시는고!
천지에 바람 소리만 불어오고 또 불어갑니다"

-2008년 8월 2일 고 이청준 선생 노제에
장흥 군수 이명흠 삼가.

고향집

전에는 저 산을 넘어야 고향집이 보였는데
지금은 터널 하나 지나 곧바로 고향이다

빠르고 쉽지만 수고가 없어 재미없다

산 넘고 물 건너
때로는 달빛 받으며
때로는 어둠을 벗 삼아 다녔던 고향 길

어둠을 뚫고 한참을 가다보면
어둠도 어둠이지만 그 어둠을 가로막는
육중한 앞산이 발걸음을 재촉할 즈음

아스라히 들리는 큰 짐승의 울음소리
휘익 바람과 함께 지나가는 억새소리에
새가슴 조여온다

편편한 들길 만나 풀벌레 합창소리에
어깨춤이 절로 나고

화톳불 둘러앉아 이야기꽃 피울 동네 어르신들
낮익은 목소리 들리는 듯하다.

2

당신

그리움

낡고 좁은 방
더 가까워서 좋았고

사치스런 옷자락 없어
순수했다

사랑하는 방법 몰라 수줍고
가녀린 새가슴 빨갛게 타도
묵언의 눈빛은 행복했다

벌써 수십 세월 흘러
진홍의 가을 잎 떨어질 때면

흠뻑 그날의 그리움으로
오솔길 함께 걷고 싶다

첫사랑

빨리 오더니 빨리도 가더이다
첫 사랑은 가설입니까,
현실입니까,
사치입니까
첫 사랑은 이루어질 수 없는 사랑?
사랑을 알고 나니 당신은 이미 떠났더이다
그래서 첫사랑은 가설이고 현실입디다
또 생각해 보니 사치이더이다

사치인 줄 알았으면 입지도 않았을 걸
그래서, 첫사랑은 후회뿐입니다.

내 몸에 내리는 비

또 다시 장마가 시작되고
세상은 눅눅하게 젖습니다
후덥지근한 장마전선이
차가운 내 몸을 뜨겁게 감쌉니다

당신은 비를 좋아했지만
나는 그 비가 싫습니다
당신이 떠난 그 날도 비가 내렸습니다

당신은 빗소리가 좋아
비오는 날은 아이처럼 좋아했습니다
그러나 비가 당신을 데려가고
나만 혼자 남아
빗소리를 들으며 당신을 생각합니다

당신이 가고 난 후
내 뺏속까지 비가 스며들고
나는 고통스럽지만
당신 껴안듯이

비를 맞고 있습니다

비는 연일 내리고
내 몸속 혈관 구석구석 적시는데
당신을 향하는 마음으로
뼈를 깎는 아픔으로
그리움과 사랑으로
며칠째 장맛비를 맞고 있습니다.

삽화 I 공옥희

박인옥, 캔버스에 분채, 「시간여행 Ⅰ」

당신이 떠난 뒤

당신이 땅에 묻힐 때
나도 당신과 함께 묻혔습니다
당신의 무덤에 싹이 무성할 수록
우리의 사랑도 푸르릅니다

그러나 나의 몸은 지상에 남아
당신을 그리워 합니다

저녁 무렵 현관문을 열면
미소 지으며 당신이 나를 맞을 것 같은데
나를 맞는 것은 썰렁한 냉기뿐
집안은 너무 넓고 고요 합니다

당신이 앉았던 화장대,
당신이 밥상을 마련하던 주방,
당신의 손길이 거쳤던 것들이지만
어쩐지 낯설게 느껴져 슬픕니다

나의 혼은 이미 당신과 함께 묻히고
수수깡 같은 허우대만 혼자 남아
어찌할 줄 모릅니다

오늘도 비가 내립니다
비를 맞으면 온 몸이 아파오지만
비가 오는 날은 당신이 오는 날,
그 비를 피할 수 없어
온 몸으로 비를 맞고 있습니다.

새 한 마리

꿈 속에서 울어대는 새 한 마리
어찌나 슬픈지 꿈에서 깨어나
꺼억꺼억 울었습니다
몸을 비틀며 통곡 했습니다

아침에 길을 가다가
잠시 장동사거리에서 신호를 기다리는데
길가 나무에 새 한 마리 앉는 것을 보았습니다
다시 돌아오는 길에 그 나무를 바라보니
여전히 그 새 한 마리 앉아있었습니다

꿈 속에서 만난 그 새 같았습니다
이승에서 못한 사랑을 위해
길가 나뭇가지에 앉아 나를 기다리는 것 같았습니다

집으로 돌아오는 길
그 새가 눈에 밟혔습니다
며칠 동안 그 새가 내 꿈속으로 날아 왔습니다

이제 하늘을 나는 새
나뭇가지에 앉은 새
세상의 새를 보면 당신 생각이 납니다

당신은 육신의 옷을 벗고
자유로운 새가 된 것일까요
여행 한번 같이 못간 지아비를 원망하며
훨훨 하늘을 날다가
내 생각이 나면 내 꿈속으로 날아왔다가
내가 가는 길목에 앉아
하염없이 나를 기다리는 것일까요

이제 내 머릿속에는
아주 어여쁘지만
왠지 슬퍼보이는 새 한 마리 들어앉아
나를 골똘하게 바라보고 있습니다.

당신의 옷

길을 가다가
쇼윈도우에 진열된 옷을 보면
당신 생각이 난다
옷 한 벌로 누더기가 되도록 입던 당신
일찍 새처럼 훨훨 날아가 버릴 줄 알았다면
맘에 드는 옷 몇 번 사줬으면 좋았을 텐데
옷가게의 옷을 외면하며 길을 간다

예쁜 옷 입은 여성을 보면
근검절약으로 알뜰하게만 살았던
당신의 마음 때문에 마음이 아프다

헐벗으면서도
우리 가족 옷가지만 챙기고
당신의 옷은 챙기지 않던 당신께 미안해
오늘은 당신이 좋아할 것 같은 옷 한 벌 샀다
좋아할까, 괜히 돈 축냈다고 나무랄까를 생각하다가
당신 옷장에 걸어두었다

이후로 옷가게 앞을 지날 때면
저 옷 사다가 줘야지
저 옷도 이쁘네를 생각 한다

어느새 내 마음 속에 걸어둔
당신의 옷, 가득 하지만
어찌된 일인지
내 마음은 벌거벗은 사람처럼
여전히 춥다.

여행 떠난 당신

당신이 떠난 뒤
외국으로 이민 간 선배한테 엽서가 왔는데
당신의 안부를 묻고 있었습니다

누군가가 기억하고 있다는 것은
죽지 않았다는 것,
아직도 누군가에게 당신이 살아있다는 것에
마음이 기뻤지만
왜 창자에 칼을 긋는 듯 저리고 아파올까요

그래, 당신은 지금 멀리 여행 중이지요
아주 멀고 먼 긴 여행을 떠난 당신
이승에서는 만날 수 없는 여행
그러나 언젠가는 우리 둘이 만나
여행을 떠날 수 있겠지요

당신이 그립고, 내 마음이 허전하지만,
혼자 먹는 밥이 목에 잘 안 넘어가지만,
당신을 만나는 날까지

당신의 손 때 묻은 세탁기를 돌리고
당신의 체취가 묻은 밥 솥에 쌀을 앉히고
당신의 주방에서 얼쩡거리며
당신 만날 날을 기다립니다

그런데, 그럴수록
사무치게 당신이 그립고
눈물이 날까요
당신은 혼자서
여행을 떠난 것 뿐인데.

박인옥, 캔버스에 분채, 혼합재료 「시간여행 II」

31년의 세월

31년 사랑했다면 많이도 했지
31년 싸웠으면 판가름도 날만한데
이긴 자도 진 자도 없이 홀연히 떠나버린 무정한 당신,

먼저 간 당신 미워하고 잊으려 하지만
새록새록 떠오르네.
망각의 단어로 31년 세월을 지울 수 있을까요

살다보면 잊을 날은 오겠지요.
빨리도 오지 말고 더디게도 오지 말기를….

산비둘기

옷 추스려,
건강하게 오래 오래 혼자 살려고
산에 갔다네.

푸드득 한 생명 날아와
내 앞에 앉은
저 산비둘기도 혼자라네.

전에는 혼자라도 슬프지 않았는데
오늘따라 저 비둘기
왜 그리 초라할까.

왜 슬프게 보일까.

만년산

당신 보러 만년산 올랐네
찌르륵 짹짹
새 소리

쏴아 쏴아, 조올 졸,
물소리는 예나 같고
당신만 보이지 않네

멀리, 저 멀리
골짜기 타고 산을 흘러
당신 목소리인 양 독경소리 슬픈데

어느새 당신은 내 옆에 와 앉네
당신의 숨결 초록 잎으로 파르르 떨리네.

가을비

눈물 한 방울 보이지 않고 가버린 무정한 사람
가을비 주룩주룩 내리니 또 생각나네요.

내리는 빗물 당신 눈물인가 싶어
하염없이 걸으면서 맞아 봅니다.

당신의 따스한 체온은 온 데 간 데 없고
을씨년스런 찬 기운만 파고듭니다.

사랑할 때와 죽을 때를 미처 알지 못하는
나는 어리석은 사람, 인생의 유한만 탓합니다.

비에 젖어 뒹구는 구겨진 낙엽들
구차한 안타까움으로 쓸어보지만

쓸리지 않는 여린 상처는
오늘 하루 버티기조차 힘이 듭니다.

김선두, 장지위에 분채, 「그리운 잡풀」

벚꽃

화려한 봄날
당신의 자태는 백미였습니다.

긴 긴 시간의 인고를 털고
순백으로 부활한 당찬 꽃이여

당당함 앞에 모여든
수많은 인생들, 인파들
빼어난 아름다움을 합창합니다.

화려함도 잠깐!
봄비의 시샘 못 이겨 소리 없이 진 꽃이여
홀연히 떠난 사랑하는 벗이여

내 당신 위해 빠알간 동백꽃으로 태어나
당신의 탄생 마중 나와
벗으로 꽃으로 살겠습니다.

세월아, 가거라

밤은 사랑을 유혹하고
더 캄캄한 밤은 시를 쓰게 합니다.
보이지 않는 세상을 향해 글을 써보지만
수취인 없는 편지처럼 허망합니다.

불빛으로 보일 듯 말 듯 이정표 따라
내가 갑니다. 당신도 함께 흐릅니다.
실선 따라 점선 따라 당신을 좇습니다.

농촌의 냄새 고향의 그 냄새가 당신을
부릅니다.

낭만이라고 할까요, 관념이라고 할까요
낭만은 사치, 굳어져 버린 관념일 뿐입니다.

당신은 몰라, 내가 왜 방황하는지
남겨놓은 많은 이야기를 추억이라고 하지요.
얽힌 머릿속 짭조름히 절어올 무렵
그냥 벙어리 되어 세월만 보내기로 작정했습니다.

길

길은 만나야 합니다
그러나 헤어지기도 합니다

길은 하나이면서도 둘이고
여러 갈래입니다

그러나 끝은
하나여야 합니다

길은 물음표이고 쉼표이고
그러나 마침표입니다

하늘에 계신 님 향해
하릴없이 걷는 길

내가 닿아야 할 필연의 길입니다
피안의 길입니다.

김선두, 장지위에 분채, 「싱그러운 폭죽」

당신 I

그대는 나를 일렁이게 하는 바람이었고
세월을 잡는 기다림의 흔적이었소.

학처럼 고고한 모습에서 신선을 보았고
계곡 둠벙의 햇살처럼 해맑은 당신의 미소는
나를 찌르는 창이었소.
아프지 않는 사랑의 창!

잡힐 듯 하면서도 잡히지 않는
심연의 깊이를
처음부터 다 알고 싶지 않소.
두고 두고 내 애련의 정으로 가슴에 심어
간직하고 싶을 뿐이오.

오늘따라 더디게 느껴지는 시간속에
그래도 당신과의 만남이라는
내일의 약속이 있기에
나는, 내 생활은 더 행복합니다.

그래서
한 번의 기회를 내 영원으로 안고 싶소!

당신 Ⅱ

따뜻한 체온으로 내게 다가와
찬 몸 데워주는 찬란한 불꽃

화려한 어느 봄날 눈발처럼 흩날리는
꽃잎에 묻혀 강뚝을 서성일 때
한 여름 등 뒤로 흐르는 땀방울이
송알송알 눈물로 맺혀 올 때

어디서인지 불어오는 시원한 바람은
정녕 당신의 숨결 아니오.

그 봄, 그 여름, 잔인한 가을도 다 가고
다시 찾아온 추운 겨울날
문득 당신 보고 싶어
하염없이 내리는 눈송이에 묻혀 찾은 당신은

떨어진 순백한 꽃송이로
말이 없는 허망한 봉오리로
나를 맞네요.

당신은 나에게
불이요, 물이요,
바람이요, 흙입니다.

철없는 당신

나는 유명한 사람이여
보물이여, 외쳐보지만
당신은 그냥 내 남편이고
자식의 아버지일 뿐입니다

나는 집안에서 일만 하는 그런 여자가 아니여
차려입고 나가면 다 쳐다보고 부러워하는데
당신은 나를 너무 몰라
그래도 나는 당신의 아내이고
자식의 어머니일 뿐입니다

밖에 나가면 대접받는 사람
집에 들어오면 한 가정의 일원일 뿐!
그 이상도 그 이하도 아닙니다.

사람은 하나 똑같은 몸뚱아리고
인격체인데 밖과 안이 왜 이렇게 다를 수 있을까?
이런 갈등을 비애라고 한다는데

철없는 당신!
지금부터 당신은 인생의 희로애락을
다시 배워야겠소.

죽음에 대하여

가능성도 버리고
영화도 버려두고
무슨 매듭 있는 것도 아닌데
당신은 부처님 곁으로 갔습니다.

세상을 살다보면
기쁨이 있고 애환이란 것도 있다는데
다 버리고 떠나니
부처님을 닮았네요.

죽음도 문 하나 넘는 것이라지만
이승에서 저승의 문이 그렇게 가까울 줄이야
차마 눈물 훔치지 못하고
그 문을 탓합니다.

홀로 버려진 사람
죽음에 대하여 통과의 그 문에 대하여
애 녹도록 슬퍼합니다.
가버렸지만, 죽도록 사랑합니다.

사랑

살아있는 것만으로도 행운인데
사랑하는 사람 사랑하는 일 있어
행복합니다.

바닷가 아침 희망의 노래
만선의 기쁨은 석양노을로 타는데
밀려오고 쓸려가는 자유의 물마저
마이다스 황금으로 일렁입니다.

속절없는 만남의 약속으로
시간은 더디 오는데
마음의 분수는 행복으로 흠뻑 젖어듭니다.

당신을 생각하며 사는 날들
자랑스런 당신이 있기에 더 행복합니다.

3

고향 예찬

토요시장 풍경

멋지게 차려입은 유한(有閑) 중년 마담
색소폰 소리 따라 오고 또 오네

그 옛날 죽자사자 멋쟁이 악사 생각
비밀로 감춘 순정 오늘따라 더 수줍네

각설이 육담도 깡통으로 가린 급소도 예처럼 아슬아슬
초라한 저 행색 내 살림은 부자라네

세월따라 늙어버린 흘러간 옛 가수
쑈 극장 추억 불러보는 낭만 부르스

쇠고기 춤에 끼고 술꾼 찾는 동네 취객
고기값 싸다고 안주 들고 유혹하네

입만 갖고 웃음 쳐들고 모여드는 우리 친구
밉지만 반갑구려 얼씨구나 좋구나

좌판 편 할머니들 고향장터 여기구나

재콩나물 마른나물 산나물 잡곡들
싸구려 부르는 할머니 거스름돈 받은 아저씨
모두가 수줍네
천 원에 세 보따리 토요장터 오고 또 오네

늦도록 흥(興)하고 영원토록 흥한다고 장흥 땅 느린 장터
얼씨구나 좋구나 기막혀*도 기가 막혀

오메 잘 있능가 어이 잘 가소 우리 행님 우리 아짐
넙죽한 인사말 사람접대 인간 가치

오고 또 오고 싶네 토요시장 장흥 땅!

*기막혀 : 토요시장 가설무대의 사회자 '김성'의 예명

고운 인심과 건강한 먹거리가 넘치는
남도의 명소- 정남진 토요시장 풍경

선진축산 농장직영
장흥 한우할인 직판장
정남진
우리는 순수 전통 한우암소·암돼지만을 고집합니다.
한사랑 한우 할인 백화점
TEL: 061)864-7080
FAX: 061)864-7081
주차금지

억불산 일출

억불산 정상 차고 오르는
붉은 생명력
미륵바위 휘감으며
세상을 깨울 때
그 산은 이미 부처를 넘었다.

음해의 전설이 된 며느리바위
몸살 앓던 인고의 산(山)아!
물에서 치솟는 정열의 생명보다
억불산 일출은 아름답다.

그래서 더 위대하다.

장흥예찬

장흥에 가면
부끄러워 감추는 긴 치맛자락 억불산이 반기고
그 너머엔 용맹의 사자가 눈을 부라린다

듬직한 제암산 꼭대기엔
임금바위 크게 벌려 손짓하고
당신 그릇만큼 잘 되라고 어른처럼 맞아준다

사시사철 아래로 아래로 겸손인 양 흐르는
저 강물은 늘 자연을 노래하니
시가 되고 소설이 되더라
그래서 탐진강이라 했던가!

천천히 천천히
생각하고 보면 보이는 곳
늦더라도 길게 흥하리라, 장흥은!

그래서 또 장흥을 알면 미래가 보인다고 했던가

물의 나라 장흥

득량만과 탐진강
장흥댐이 넘실대는 물의 나라 장흥,
한발짝만 나와도
장흥엔 물천지다

평화마을 '상선약수'가 있는데
가장 좋은 것은 물 같다는 노자의 말씀처럼
물이 많은 복된 땅
가장 맘씨 좋은 사람들이 사는 고을,

여름날 장흥을 가로지르는 탐진강가에 나가면
맑은 물이 분수처럼 터지는
물축제가 하늘을 수놓고
장흥사람 외지사람 수많은 사람들이
물 맞으러 몰려온다
상선약수처럼
물처럼 흐르는 것을 배우기 위해
피라미 떼 같이 물의 기슭 장흥으로
지느러미를 파르르 치며 온다.

며느리바위 전설

뒤돌아보지 말라는
스님의 말씀도 잊은 채
살려달라는 고약한 시아버지가 안잊혀
뒤돌아보다가
어린아들을 업은 채
억불산 바위가 된
슬픈 며느리바위 사연

박림소, 옛마을을 바라보는
며느리와 개동이를
장흥사람들은 잊지 못하여
며느리바위 바라보며 마음 아파 한다네

갑자기 날씨가 궂을라치면
홍수에 휩쓸려 갈까 걱정되어
순박한 장흥 사람들은
혹시 지은 죄 없나 생각하다가
착하게 살아야겠다고
또다시 다짐을 한다네.

장흥읍 평야
억불산의 푸른 그림자

평화마을 호수의 고니

이름처럼 평화로운
거울처럼 투명하고 잔잔한 작은 호수에
고니 두 마리 살고 있었네
서로 등을 긁어주고
뺨을 만져주곤 하던 금슬 좋은 부부였는데
사랑한다고, 사랑한다고
목청껏 지르는 뜨거운 구애의 소리
장흥읍내까지 들리기도 했었는데
그만 한 마리 죽고 말았네

봄이 가고 가을이 가고
또다시 봄이 와도
외로운 고니 한 마리의 슬픈 목소리만
호수에 메아리 치는데
이를 바라보는 사람들 마음도 슬퍼져
혼자 남은 고니를 바라볼 수 없다네

다시 겨울이 와
호수에 얼음이 꽁꽁 얼었는데

고니 한 마리 보이지 않는다
사람들은 봄이 오면
새로운 짝을 찾아줘야 한다고 말을 하는데
눈보라 휘몰아치는 호수에
고니의 행방이 보이지 않네.

박인옥, 광목에 혼합재료, 「하늘정원」

장천재 태고송(太古松)

천관산 아래 장천재 청뢰문 밖에
600수가 더 되었어도 청년 같은
어르신이 계신다

세한의 백설이 분분할 때
얼음장의 오롯한 정신으로
눈 하나 꿈쩍 않고
낭랑하게 글을 읽는 조선 선비 하나

거친 바람에 귀밑머리 휘날리고
눈보라가 두루마기자락 흔들어도
수백 년 지켜온 절개와 지조로
세상을 품고 있는 대인(大人)의 마음이 가없다

모두가 떠났어도
혼자 장천재 계곡에 서서
속된 세상 사람들에게
침묵으로 천자문과 사서삼경을 들려준다.

천관산문학공원

천관산에 천하의 문장들이 모두 모였다
어린 날 소풍처럼 숲속에서 보물찾기 하듯
나무 사이에서 열심히
무언가를 찾는가 싶었는데
자세히 바라보니 천국에 가 있는 구상 시인이
"너의 앉은 그 자리가/바로 꽃자리니라" 하고
최근에 이북 고향을 찾아간 김규동 시인이
「희망」을 낭랑하게 낭송한다.
그러자 그 옆에 있던 문병란 시인이
「정다운 대덕 사람」들의 이름을 부르고
소설가 최일남 선생이
대덕사람들에게 「메시지」를 보낸다.
시낭송 소리가 천관산 골짜기에 울려퍼지자
어느새 주변에
김해성, 허형만, 김제현, 차범석, 송기숙, 이성복,
이청준, 한승원, 전상국, 이인화, 양귀자, 박범신 등
전국의 내놓으라 하는 시인과 소설가들이 모여들어
귀를 기울이다가,
돌아가며 밤새 시를 낭송하는 것이다.

이승대, 한지에 수묵채색, 「풍경 12-15」

토요시장

한우의 거리로 유명해진
탐진강변 토요시장
토요일이면 전국의 미식가들이
버스, 자가용으로 인산인해를 이루는데,
장흥 각처의 할머니 아주머니들이
길가에 좌판을 벌여놓고
온갖 산나물 들나물을 팔고 있다
인심은 후해서 사람사는 맛이 넘치는데
용산댁도 부산양반도 흥이나
무르익은 각설이 공연장에 어울려
덩실덩실 춤을 추고 있다

한때는 번성했던 거리
오랫동안 침체해 있다가
또다시 사람 온기 훈훈해져
토요일이면 탐진강변이 시끄럽다

연속극 '대물' 속의 국밥집에서 먹는
뜨끈한 장국밥에 막걸리,

색소폰 연주자의 청승맞은 연주,
떡뫼에 묻어 늘어진 찰떡,
계절따라 싱싱한 해산물과 산나물,
노인들은 웅뎅이와 소쿠리를 만들고
메구패가 한바탕 소란을 피우고 지나가는
토요시장터에
관광객들 눈이 휘둥그래져
난전에서 발길 떼지 못하고 있다.

석대들에서

갑오년 동짓달
그 해 겨울은 지독하게 추웠지만
참으로 따뜻했네
사창에 수천 명의 장흥농민들이
살만한 세상 만들어 보자고 모여들었네
쇠시렁, 곡괭이 들었어도
총칼앞에 두려울 것이 없었네
섣달 초순, 백새에 들이닥치자
찰방이 뒤도 안 돌아 보고 줄행랑을 칠 땐
가소롭기도 했네
만 명도 더 넘는 농민들이 관아를 점령하고
그 기세를 몰아 강진, 병영을 해방시켜
좋은 세상 오는갑다고 했는데
세상은 뜻대로 안 되는 것인가
섣달 보름날
석대들에서 관군과 왜군이 한판을 벌였는데
평화마을, 평장마을 논밭이
온통 피로 물들였네
목숨이 붙어있는 사람들은 모두

척왜척왜를 외치며
총칼 앞에서 아무것도 무섭지 않았지만
꽁꽁 얼어가는 육친의 시신을 지켜볼 수밖에 없었네

120년이 지난 오늘
석대들엔 보리밭만 푸르지만
이방언, 구교철, 이사경, 이인환, 문남택……
할아버지들의 영혼이 석대들 끝에서
동학혁명기념탑에 깃들어
석대들을 바라보고 서 있네.

봄, 제암산에서

봄이 되면
바다를 건너온 불길이
우리나라 소방차가 다 몰려와 진화해도
꺼지지 않을 불길에 휩싸이는 제암산,
수만 년 동안 해마다 불길로
열병을 앓으며 몸살하는데,
나는 봄마다 그 불길 속에 뛰어들어
황홀하게 죽었다가
코피 흘리게 하는 향기에 다시 깨어난다
불길은 어느 날 한기를 뚫고
한밤중의 도적처럼 은밀히 찾아와
사람들 마음 속에 불질러 놓는다
장천재의 동백꽃불로 왔다가
한재의 할미꽃불로 타오르다가
마침내 여인네의 가슴에 타오르는
제암산 철쭉불은
6부능선에서 시작되어
천하의 제왕같은 제암산 온 몸을 휘감고 타올라
산과 사람들 정신 못 차리게 한다

그 불길 속에 타오르면
여인과 뜨거운 밀애를 나누듯 황홀하다가
신성한 세례를 받은 듯 머리가 개운해지다가
새생명의 기운을 충전받은 듯 힘이 넘쳐
나를 까맣게 숯으로 연소시키고
온 봄날이 다 가도록
가슴이 설레게 하는데
성지순례 하듯
봄날, 나는 또다시
제암산 불길 속으로 뛰어든다.

정남진

광화문에서 남쪽 땅끝은 정남진
북녘의 정북 중강진과 일직선이 되는 한반도의
정남쪽 장흥인데요
그곳은 바다도 둥글고 하늘도 둥글고 땅도 둥글어
마음이 둥근 사람들이 사는 생명의 땅이지요
지즐대는 해안선은
부드럽게 천관산을 보듬고
풍요로운 생명의 바다와 평화로운 섬을 품고 있지요

정남진에서는 온갖 해물들이 많이 나고
더욱 풍성한 것은
정남진 사람들의 마음이지요
따스한 정진 마을에는
겨울에도 노랗게 유자가 달려있고
우리나라에서 가장 먼저 봄이 상륙하는데
정남진에는 지도에 없는
선학동 마을이 있어
아직도 천 년을 사는 학들이 날고 있답니다

정남진,
제주도 가는 가장 빠른 바닷가에 서면
우리나라의 모든 해가 이곳에서 뜨고
이곳 바다에 지는 것을 볼 수 있는
어머니의 따스한 품이 깃든
푸른 바다가 봄을 밀고 오는 나라랍니다.

청태전

소설가 한승원 선생댁 시렁에
웬 돈꾸러미가 매달려 있다
청빈한 선비가 돈욕심이 있는 것은 아닐텐데,
눈치켜 뜨고 바라보니
푸른 녹이 슨 엽전뭉치였다

하루에 수십 잔 쯤은 차를 마시며
마음을 헹궈내는 선생의 고결한 성품을 잊지 못해
봄날 보림사 계곡 쪽에서
찻잎이 서너 개쯤 올라올 때
티없이 맑고 청정한 가지산 기운이 배인
예양의 선비들이 따모은 찻잎이라는데,
한승원 선생이 다산과 초의선사를 만나 얻어먹은
그 깊은 맛을 잊지 못해
엽전 같은 청태전을
누구나 쉽게 닿을 수 없는
시렁에 매달아 놓았나 싶다

돈으로도 쉽게 살 수 없는

동양의 명차,
장흥 청태전이
해산토굴, 한승원 선생댁 시렁에
푸르게 매달려 있다.

치유와 사유의 장흥 전통 명차-청태전

축제

화려한 축제 뒤엔
알알이 땀방울 박혔다
시작을 준비하는 시간 속엔
타는 가슴 숯덩이만 남았다
아이디어 춤을 추고
춤사위 따라 세워보고 부수고
시간·돈·아우성 흐름 속에
물 넘고 강도 건너고
함평천지, 충장로, 탐진강은 어디 가고
끝나면 그뿐
외롭게 돌아오는 건 허무
그래도 내년의 약속 있어
또 분주하다.

이승대,
한지에 수묵채색, 「풍경 11-43」

물축제

더위 가고 황량한 강변길
정열도 사랑도 함께 가버렸네

뜨겁게 쏟아지던 칠팔 월 태양
스산한 가을바람 끝자락에
이렇게도 허무하게 무너질 줄이야

붐비며 찾아들던 뭇사람들
어디쯤에서 탐진강 물축제를 추억할까

내년에도 또 저 내년에도
더위가 훑고 간 생채기 보듬으며

나는 그 더위의 노예로 살고 싶다.

김선두, 장지위에 분채, 「느린풍경」

낙화동백(落花冬柏)

– 임진년을 맞으며

너는
먼 — 아주 먼 임진년
역사의 뒤틀림 속에
선홍 핏빛으로 짓밟힌 정의

오늘도
차가운 겨울 대지 위
이름없는 주검처럼 널려 있어도

너
빠알간 정열은
생명으로 솟아오르고

그래서
떨어져 뒹굴어도
바람 속 붉은 깃발보다 더 뚜렷하다.

김선두, 장지위에 분채, 「화가의 눈

4

행복의 차이

단상(斷想)

어느날 아침 호텔 뷔페에서
부지런히 움직이는 여인의 다리를 본다.
분명 어제저녁 본 통통한 다리인데
오늘 아침 저 다리는 왜 가늘까?

불빛의 조화
배부를 때와 배고플 때의 차이
사랑하기 전과 사랑한 후의 감정
아니야 창가 홀로 앉은 내 모습 때문일거야.

길 건너 호텔 창으로 비치는 조그만 가게
젊은 두 남녀가 담소하며 컵라면을 먹는다.
풍성한 뷔페보다 보잘 것 없는데도
왜 자꾸 그쪽으로 눈이 갈까.

초라한 라면이 성찬으로 끌릴 때
통통한 다리가 가늘게 보일 때

나는 문득 또 다른 나를 발견한다.
진정 너는,
화려한 호텔에 앉아있는 지금 너는
행복한가?

들국화

사랑을 모르고
그냥
물처럼 흘러가는 마음
원망하지 않는다

아무도 찾아오지 않지만
그리운 마음은
당신의 화병 속
꽃이 되고 싶다

오늘은
들이나 야산 외진 곳에서
바람에 흔들거린다.

겨울 전나무

하얀 눈 속에서
우산 쓴 채
기다리는 봄

푸른 향기 머금은
잎새의 초록웃음

하늘 향해 맺은
솔방울

곧게 뻗은
수려한 용기.

하와이 이슬비

하와이 이슬비를 아십니까!
그 부드러운 감촉을 느끼셨습니까!

저 멀리 우뚝 솟은 바람산 굵은 빗줄기는
사나이처럼 강하지만

도심으로 가냘프게 뿌려지는
여인처럼 부드러운 이슬비는
우릴 붙잡는 있을비(이슬비)이구요.

쨍쨍 내리쬐는 햇살 사이로
성숙한 여인의 속옷처럼 다가와 스치는
매혹의 가랑비는

붙잡는 정을 한사코 밀어내며
가라는 출국의 가랑비 아닌가요.

낮에 나온 달

낮달과 숨바꼭질하며
가는 천리 길
하얀 속살 숨은 이야기 풀어내면서
잃었다 찾았다 숨었다 나왔다
어린애 같구나.

욕망에 가리고 거짓에 가리고
너 힘없는 낮달처럼 비껴 살아도
밤 되면 빛이 되는 희망 하나 보면서
돌아올 어둠을 갈구한다.

구체적 셈으로는 풀지 못하고
어림짐작 답을 내도 마이너스 인생
진실하게 살라고 감사하면서 살라고
귓속말 속삭이며 천리 길 끝까지
따라오는 낮에 나온 달

다시 태어나도 희미한 낮달로 태어나
깊은 밤 찬란한 빛으로 살으리!

겨울 스케치

칼 끝 찬바람
푸르게 빛나는 대나무 잎 기개 높아 좋고
앙상한 가지 사이로 흰눈 쌓여 담백하다.

차창 밖 산하(山河) 나와 함께 가는데
묵직한 힘으로 버티고 선 아파트 꼴불견이다.

쌓아야 할 생각의 탑은 멀고
생명 잃은 콘크리트 덩어리, 몸뚱아리 탑만 가까이 있다.
자본주의 가치는 돈
그 원칙을 한 치도 벗어나지 못한 피조물들
인간이라 영리하다고 믿는 중생들

한 개라도 더 건지려고 발버둥 칠수록
가지에 쌓인 눈 녹아내려
뚜욱뚝, 툭툭 낙수로 질 때

돈보다 갈색 갈대 잎이
더 그리워진다.

이승대, 한지에 수묵채색, 「겨울 11-49」

차령터널 지날 때면

험준한 차령도 터널 뚫려 남북이 지척인데
북은 천안 · 서울, 남은 공주 · 전주라
준령으로 가로막힌 먼 그 옛날
훈요(訓要)의 열 개 항 중 여덟 번째

차령이남 금강 밖은 배역(背逆)의 땅이니
아랫고을 공주 · 전주 사람은 등용해선 안 된다

훌륭하신 고려 태조 왕건 임금
특정지역 사람 배척치 않았지만
왜 자꾸 머릿속엔 패권주의로 맴돌까

터널 뚫고 지나가는 당신 스스로 패배주의자
누군가 저지른 후대의 패역(悖逆)을
이제는 경계할 때다 훌훌 털어버릴 때다

차령터널 지날 때면
자꾸만 되씹히는 역사의 왜곡(歪曲)들!

행복의 차이

술 취한 노숙자요
여러분 보시는 것처럼 불행하지 않답니다.
당신도 노숙자 되어
빈 속에 술 한 잔 부어보세요.
아등바등 사는 세상 큰 우주가
얼마나 작아 보이는지
그러니 당신의 잣대로만 평가하지 마세요.
밥 한 끼 잘 먹는 게 무슨 대수라고
히 히……
간섭 하지마 난 행복하니까
내 세상이요, 이제 더 잃을 것도 명예도
없답니다.
오직 버티고 설 다리 하나면
족하다니까요
노숙자 당신은 게으름뱅이
그러나 멋쟁이!

강변의 여인

탐진강 아침 희망찬 햇살 사이로
느린 시간의 여유처럼 다정한 세 여인

등 뒤 바람결인 양 퍼지는 수다는
가슴속 응어리 훌훌 쓸어
강물로 강물로 번진다

탐진강 파랑새 물빛
연륜과 우정으로 깊디깊은데

수수께끼 세 여인의 가방 속에는
하느님과 현실이 가득하고

물길 따라 흐르는 백조의 군무도
나이테 물 무지개로
하염없이 맴을 돈다.

박인옥, 광목에 혼합재료, 「하늘정원 III」

해와 달

평화로운 여느 날처럼
하얀 달이 태양으로 스러져 갈 무렵
분주한 사람들의 일상이 시작되고

비문명과 문명이
야만과 문화가
독선과 타협이
큰 소리와 숨죽임이
미움과 사랑이
혼돈과 질서를 내세우며 싸움질할 때

또 다시 어둠속에서
둥근 보름달이 생명을 내밀 때
태양빛은 달을 삼킬 수 없다

권력이 영원할 수도 없고
인간의 존엄을 죽일 수 없는 것처럼!

줄

사람은 생명의 줄로 태어나
형제자매의 줄로 커간다

학업과 성적의 고달픈 줄은
선하게 태어난 인간에게 악을 강요하고

출세를 위해 그 한줄 잘 잡아보려고
발버둥 치다가 잘 못하면 그 줄에 묶이고
결국은 미영줄로 끝을 낸다

다 부질없는 장난의 줄인 것을
다 정해진 업(業) 줄대로 가는 것을!

준비와 끝

기다림의 긴장
결과의 불확실
이것을 준비라고 하던가요.

위대한 인간의 우월성을
알콜의 마법으로 두드려보고
수만 방울 증기로도 시험하지요.
거대한 자연의 힘 앞에
한없이 나약해지는 군중을 비웃으면서
시작이라는 기회로 소멸시킨데요.

흐르는 시간의 엉킴 속에
진행이라는 현재는 또 하나의 새로운
시작을 위하여 끝을 맺은답니다.

스모그

하늘엔 몽니구름
빌딩은 회색바다 위에 떠 있고
혹은 녹음 짙은 은행잎들이
갈색으로 침윤될 무렵

바다도 하늘도
먹구름보다 진하게 산을 삼킨다.

새끼 참새 떼
푸른 창공 지키려고
하늘로 하늘로 퍼덕댄다.

사람들은
무심코 삶을 줍는다.

어느 화가에게 드리는 글

점들이 모여 선이 되고 선이 모여 감동을 만들어 냅니다.
긴긴 시간의 인고를 딛고 예술혼을 불태워 이렇게
세상 앞에 내 놓은 당신의 작품들을 진심으로 사랑합니다.

맑은 새벽 동쪽으로부터 빛 하나 보이더니
그 빛 속 당신의 당당함 앞으로 모여든 수많은 인파들은
빼어난 점과 선들을 아름다운 목소리로
소리높여 칭찬합니다.

하얀속살 숨은 이야기 풀어내듯이
당신의 그림에는 사실을 뛰어 넘은 오묘한 이상과
풋풋한 생명이 있습니다.

때가 되면 성공의 진실을 말하겠다는
귓속말이 대한민국 예술의 1번지 서울 인사동에서
화려한 빛으로 탄생하는 순간입니다.

당신의 어기찬 삶, 미래를 준비하는 당신의 시나리오는
2남 1녀의 훌륭한 어머니로 아니, 이제는 가족을 뛰어넘어

대한민국의 훌륭한 예술가로 뽐내고 있습니다.

당신의 성공시나리오!
세계가 감동할 때 나는 더 외로워지겠지요.

사계

어느 봄날 터질 듯한 소녀의 사랑이야기
긴 여름 오수 뒤의 여유로움
가을 빗속에 뒹구는 노오란 은행잎의 허무
눈 덮인 깊은 계곡 뾰족하게 내미는 여린 생명의 의미들

겨울은 봄을 재촉하고
봄인가 싶더니 여름이 오고
숲이 좋아 산을 찾으니
숲보다 물이 넘쳐 더 좋고

시리도록 깨끗한 심연의 수정 속으로
빠알간 단풍잎 우주가 한 아름 가득한데
차마 홀로 이 가을 보내기 아깝구나

추운 겨울 맛
더운 정열의 여름만 못하니
여름의 끝, 겨울 시작 한가운데에서
청렴의 갈무리 쓸어 담으며
이런 사계 중 가을로 살고 싶다.

가야금

뜯고 퉁기고 당기고 풀고
가야금 열두 줄에 세상사 다 있네

뜯어 조여 오므리니 샘물 콸콸 흐르고
퉁겨 풀어 헤치니 파랑새 되어 날더라

손의 조화인가 명주실 탄성인가
귀의 환청인가

열 손가락 손놀림에 흩어졌다 모였다
세상의 희로애락 우주가 들썩들썩

후비며 파고드는 앓이앓이 가슴은
찢겨져 버려져도 침묵으로 감싸더라

하늘하늘 날을 듯한 우리 것 매무새에
범접 못할 위엄은 어디에서 나올까

환호의 박수에 땀 한 방울
엷은 미소가 답이더라.

큰산, 알프스에서

알프스 융프라우!
아이거 빙벽 아래에 서면
자연과 환경에 대한 경외(敬畏)
인간은 여기서부터 겸손을 배워야 한다.

조물주가 만들어낸 위풍당당(威風堂堂)
버텨서서 가로막는 그런 힘이 아닌
자연과 신의 섭리
도저히 정복할 수 없는 물체 앞에
새삼 나폴레옹의 위대함이 떠오른다.

권력은 힘이 아니고 무지(無智)라고 생각하면서도
거대한 힘의 실체 앞에 올망졸망 마을이 생기고
담장없는 투명한 이웃들은 만년설 석양 눈빛처럼 부시다
눈빛받아 더욱 빛나는 금발의 두 여인
무엇이 있어 그리도 정겨운가.

한 여인의 손엔 빗자루, 세상만사 탐욕을 쓸어버리려는가
인간의 본질인 삶의 여유, 왜 그리도 바삐 살아왔던가.

나, 가족, 나라, 세계, 우주를 위해
터무니 없는 면죄부의 환상이라고 생각하면서도….

발 아래는 석회석 뿌린 흰포말의 물줄기와
40여년 전 고향 시냇가 맑은 물이 합류한다.
처음 만나는 두려움도 거부도 묻어두고, 반란도 없이
숙명적으로 받아들여 유유히 새로운 생명수를 만들어
흐른다, 또 흐른다.

동양의 한반도 정남진(正南津) 끝자락,
혼자 잘난 이방(異邦)의 촌놈이 석양의 눈빛 노을에 함몰되어
구름과 함께 신비를 노닌다.
융프라우 심산계곡에서는 베토벤의 운명도 듣는다.
멀리하고 싶은 속세에 찌든 현실을 한사코 밀치면서도
밀쳐지지 않고 밀려오는 내 숙명의 곡도 함께 듣는다.

죽으면 한 줌 흙이 된다는데, 왜 버리지 못하는가!
그렇게도, 그렇게도!

법정(法頂)의 버리고 떠나기는 환상인가, 이상인가
이 찰나엔 차라리 도인이고 철학자이고 싶어라!

틱낫한 스님처럼 현재를 만끽하자, 지금의 중요성으로
내 몸을 둘둘 말아 혼자 오래오래 행복하고 싶다면
극도의 이기(利己)일까
군중속의 고독도 즐겁다는데
홀로 씹는 행복한 고독이 깨어질까 두렵고
또 미치도록 행복에 젖게 한다.

억만겁 누리는 건 욕심이지만
혼자 취해 순간을 누리는데 이것도 욕심인가?
못나서 욕먹고, 잘나서 욕먹고
알프스산 정상에서 계곡 사이로 무심코 흐르는 저 바람처럼
바람따라 하염없이 흐르고 흩어지는 그 구름처럼
무위자적(無爲自適)할 수는 없을까?

바빠서 불평이고 일 없어 불만이고

구름 아래 서서히 움직이는 융프라우는
한 사람의 지분을 얼마로 치는 걸까?
욕도 많고 불평도 이리 많은 피조물 새끼들에게
미개하고 왜소하고 하찮고
무엇이 그리 커서 얻으려고만 하는가, 발버둥 대는가?

풀냄새, 물소리, 바람소리 이것이면 족한데
어지러운 세상도 인간이 만들어 놓고 어지럽다고 한다.
당신의 의지로도 풀냄새 하나면 물소리, 바람소리
하나면 되는데 세상탓으로만 돌리려 하는가.
어리석은 사람아 인간들아!

과연 저 산을 어떻게 정복할까? 버린 욕심이 금세 또 생기니
이 또한 속세의 한계를 벗지 못한 미완(未完)의 내 한계가 아니던가

저녁 10시!
알프스 융프라우엔 산(山)이 없다.

색즉시공(色卽是空), 공즉시색(空卽是色)
유(有)이면서도 무(無)일 뿐이다.
석양 저편으로 섬광(閃光)이 번득이면서 구름이 몰려 온다.
세상을 감싼다.

알프스 융프라우
아이거 빙벽 아래에 서면
자연과 환경에 대한 경외(敬畏)!
인간은 여기서부터 겸손을 또 배워야 한다.

|해설|

추억과 그리움, 그리고 애향의 노래

-이명흠 시집 『여행 떠난 당신에게 부치는 편지』를 중심으로

강 경 호
(문학평론가, 계간《시와사람》 발행인)

이명흠 시인은 장흥의 현역 군수로 거의 유일한 군수 출신 시인이다. 뿐만 아니라 우리나라에서 처음으로, 그리고 유일하게 문학특구로 만든 장본인이다. 이러한 그의 이력은 이명흠 시인의 문학에 대한 관심과 열정을 짐작하게 한다.

오늘날 21세기는 문화와 예술의 시대라고 자주 말을 한다. 그럼에도 그 말에 실감이 나지 않는다. 그런데 이명흠 시인은 문화·예술 중에서도 특히 문학을 다양하게 콘텐츠화 시키고 있어 주목받고 있다. 더불어 행정가로서의 새로운 면모와 함께 문단현장에서 시인으로 활동하며 시를 창작하고 있으니 행정가와 문화예술인의 모범을 실천

하고 있는 보기 드문 사례라고 할 수 있다.

주지하다시피 서정시, 즉 재래적 서정시는 자연과의 교감, 향토성의 수용, 인간성에 대한 기본적인 신뢰, 동양적 정신주의의 특징을 갖는다. 이러한 특징들이 빚어내는 효과를 이형기는 '부드러움'이라고 요약했다. 그 부드러움은 인간 심성의 순화에 기여하는 바가 크다는 점에서 전통적 서정시의 생명력을 지탱하는 핵심적인 요인으로 평가될 수 있다. 또한 전통적 서정시의 특징은 현대인이 잃어버린 세계, 즉 향수를 자아내는 세계이다. 향수에 젖어 그려보는 고향은 긍정적인 대상이 아닐 수 없다. 또한 서정시는 상처와 소외의 그늘을 극복하는 치유의 힘을 보여주기도 하며 불화와 모순, 그리고 부조리를 화해와 긍정적이고 생산적인 방향으로 안내하기도 한다.

이명흠 시인의 시는 지극히 이러한 서정시의 범주에서 인간의 보편적 정서를 담아내고 있다.

이명흠 시인의 처녀시집 『여행 떠난 당신에게 부치는 편지』는 제4부로 꾸며져 있다. 이는 작품의 경향별로 나누어진 것인데, 그의 시적 관심사를 짐작하게 한다.

제1부는 주로 유년의 기억을 더듬으며 궁핍한 시절의 순수함과 어머니에 대한 애틋함을 환기시키고 있다. 제2부는 아내를 잃은 지아비로서의 안타까움과 그리움을 아프게 그려내고 있다. 제3부는 그의 고향 장흥의 역사성과 아름다움, 그리고 애향심을 노래하고 있다. 제4부는 감수

성을 통해 자연과 사물에 대한 서정은 물론 현실과 역사에 대한 독특한 인식을 담담하게 보여주고 있다.

보다 구체적으로 이명흠 시인의 시세계를 보도록 한다.

제1부는 '가난한 유년의 모습'을 담담히 회고하고 있다. 아버지의 부재로 인한 궁핍하고 외로운 소년의 모습을 통해 아들의 뒷바라지를 해주는 어머니의 모성이 아프게 그려져 있다. 6·25전쟁 때 행방불명 된 아버지, 기억에도 없는 아버지를 오직 한 장 남은 단체사진에서 바라보며 그리워한다. 또한 아들을 가르치기 위해 광주로 이사하여 바느질하며 맹모삼천지교를 실천한 어머니의 모습을 애잔하게 그려내기도 한다. 그러나 편치 않은 삶의 질곡을 온 몸으로 받아내면서 '가난'과 '소외'를 극복하는 소년의 꿋꿋하고 긍정적인 대견스러움을 독자들에게 따스하게 전해준다.

단체사진 찍을 때마다
기억 속에 없는 아버지 생각난다
강제 징용되어
일본군 해군훈련소에서 기념촬영한
단체사진 속의 낯선 얼굴,
생각날 때마다 자주 들여다 보며
그리움 삭혔던 사진 속 아버지

학교 소풍가서 단체사진 찍을 때

수학여행 가서 단체사진 찍을 때
졸업사진 찍을 때마다
등산가서 단체사진 찍을 때
공직에서 단체사진 찍을 때
수많은 사람들 중에서
가장 나를 닮은 얼굴 떠오른다

단체사진 속이라
워낙 작아보이는 얼굴
이제는 침침해 잘 알아볼 수 없을 것 같은
아니, 어디에 놔두었는지 알 수 없는 사진
그러나 내 생각속에 각인된 흑백사진 속
나보다 더 젊은 앳된 훈련병의 모습을 그리워하며
나는 단체사진을 찍을 때마다
6·25 때 행방불명이 된
기억에도 없는 아버지를 생각한다.

-「단체사진」 전문

인간에게 유년의 정서적 사건은 평생을 두고 작용한다. 그래서 오랫동안 잊혀지지 않는 것이다. 특히 이명흠 시인의 시 속의 화자는 대부분 화자가 시인 자신이기도 하다. 자신이 체험한 정서를 화자의 입을 통해 독자들에게 들려줄 뿐이다. 그러나 어디까지나 화자는 독립된 개체의 목소리이기도 하다.

위의 「단체사진」도 시인 자신의 생체험을 시화한 것이다.

화자는 단체사진을 찍을 때마다 아버지를 떠올린다. 그러나 아버지는 자신이 세 살 때 6·25 전쟁 와중에 행방불명 되었기 때문에 기억이 없다. 그러므로 아버지에 대한 추억이나 감정이 없다. 철이 들어 "강제 징용되어/일본군 해군훈련소에서 기념촬영한/단체사진" 한 장만 달랑 남겨 놓았기 때문에 화자가 아버지를 만나는 일은 구체적인 기억이 아니라 "단체사진 속"에서 뿐이다. "생각날 때마다 자주 들여다 보며/그리움 삭혔던 사진 속 아버지"인 것이다. 사진 속 아버지의 얼굴을 보면서 화자는 자신이 아버지를 닮았을 것이라는 생각도 해보았을 것이고, 아버지가 있는 친구들을 부러워하며 아버지가 계시면 참 좋겠다는 생각도 가졌을 것이다. 그런데 수많은 사람들 속에서 어쩌면 성냥개피 꼬투리만한 단체사진 속의 작은 얼굴을 통해 아버지의 부재와 자신의 존재를 오랫동안 생각했을 것이다. 이러한 체험을 간직한 채 화자는 "학교 소풍 가서" "수학여행 가서" "졸업사진 찍을 때" "등산 가서" "공직에서 단체사진 찍을 때" 자신을 "닮은 얼굴 떠"올리곤 했던 것이다.

세월이 많이 흘러 화자 자신보다 "더 젊은 앳된 훈련병의 모습을 그리워" 한다. 비록 "기억에도 없는 아버지"이지만 자신의 존재와 근원에 대해 생각하는 것이다.

이명흠 시인의 이번 시집에는 사진을 소재로 한 또 다른 작품 「흑백사진」이 있다. 이 작품도 빛바랜 흑백사진 속의 유년의 모습을 통해서 옛날을 반추한다. 광주로 이사 가기 전에 같은 반 아이들과 찍은 사진이다. 그 속에는 몇몇 친구들과 이름이 생각 안 나는 친구들의 얼굴이 있다. 오늘날 친구들 중에는 세상을 떠난 사람도 있지만 여지껏 화자는 옛 친구들을 마음 속에서 그리고 있다. 이 작품은 세월이 많이 흘러 "친구들도 늙어가고" 보리처럼 새파랗던 친구들의 머리카락은 "어느새 희끗희끗 해지고 있"는 격세지감을 토로하고 있는 내용을 담고 있다.

다음 작품 「어머니의 바느질」은 홀어머니와 광주에 와서 궁핍하게 살면서도 모자의 정을 따스하게 나누는 모습을 보여주는 가편이다. 어렵게 살았지만 삯바느질 하면서도 아들을 잘 키우겠다는 어머니의 열정도 함께 느껴진다.

바느질 솜씨가 좋은 어머니는
한복집에 나가 일꺼리와 품삯을 받아 오셨다
동명동 셋방에서 살 때였다
어머니는 금동시장 한복집에 가시고
집에 혼자 남은 나는 어머니가 걱정되어
우산을 들고 찾아가려 했다
빗물이 넘쳐 집밖으로 나가지 못했다
더욱 어머니가 걱정되어 우산을 들고 집밖으로 나갔다
넘쳐나는 물 때문에 갈수가 없어
길바닥에 주저앉아 울어버렸다
비를 다 맞고 밤늦게 돌아오신 어머니를 보자

나는 또 다시 엉엉 울어버렸다
어머니는 내가 잠이 들자
잠든 나를 바라보시며 눈물을 훔쳤다
당신은 옷소매가 터지고
버선이 닳아지고
허허롭게 마음에 구멍이 새어도
찬바람이 새는 아들의 바지를 기우고
터진 아들의 밥그릇을 기우고
찢어진 아들의 고무신을 기우고
낮이나 밤이나
어머니는 내 생을 튼실하게
한땀 한땀 바느질 하셨다.

-「어머니의 바느질」 전문

이명흠 시인의 어머니가 맹모삼천지교를 실천하기 위해 광주 동명동에 셋방을 얻어 살던 때의 이야기이다. 어머니는 그때 금동시장 한복집에 삯바느질 하러 가곤 했나보다. 그런데 비오는 날 어머니가 저녁이 되어도 돌아오시지 않자 어머니가 걱정이 되어 화자는 우산을 들고 마중을 가려 한다. 그러나 빗물이 넘쳐 나가지 못한다. 안절부절 하던 화자는 "어머니가 걱정되어 우산을 들고 집밖으로 나갔다" 그런데도 "넘쳐나는 물 때문에 갈 수가 없어/울어버렸다" 그날 "비를 다 맞고 밤늦게 돌아오신 어머니를 보자" 화자는 "또 다시 엉엉 울어버렸다" 어머니를 걱정하는 화자의 모습이 눈물겹도록 아름답고 안쓰럽다. 어머니는 울다가 잠든 어린 아들을 바라보며 눈물을 흘리셨다. 참으로 뜨거운 모정이 느껴진다. 그런 어머니는 "옷소매가 터지고/버선이 닳아지고/허허롭게 마음에 구멍이 새어도" "아들의 바지를 기우고/터진 아들의 밥그릇을 기우고/찢어진 아들의 고무신을 기우"셨다. 오직 아들이 잘 되기만을 일평생 소원으로 삼은 것이다. 화자는 어머니와 같이 살던 때를 추억하며 아프게 유년을 바라본다. 그리고 그러한 어머니의 모성 때문에 자신이 오늘날 흐트러지지 않고 인간답게 살고 있다고 인식한다. 즉 "낮이나 밤이나/어머니는 내 생을 튼실하게/한땀 한땀 바느질 하셨"기 때문이라고 생각하는 것이다.

이번 시집『여행 떠난 당신에게 부치는 편지』의 제1부는 주로 유년의 자전적인 일화를 시로 형상화한 작품들이다. 어머니와의 정서적인 체험을 시화시킨 경우들이 많은데 다음 작품은 서당에 처음 나간 날의 생체험을 통해 오늘날 학교 교육의 모순, 또는 예절을 모르는 요즘 아이들을 꾸짖는 내용을 담아내고 있어 의미있게 다가온다.

초등학교 입학하기 전에 서당에 다녔다
사람이 되기 위해서는 배워야 한다는 것이다
처음 서당에 가던 날
서당 근처 산모퉁이에서
서당 훈장님께 절하는 방법을

외사촌 이재이 형님이 가르쳐줬다
처음에는 어색한 절하는 법에
점차 익숙해져
훈장님께 넙죽 절을 드렸다

하늘 천 따지를 배우기도 전에,
글자를 배우기도 전에
처음 배운 절하는 방법
두 손 땅바닥에 모으고
항복하듯이 온몸을 굽혀
머리 숙여 하는 절,
그러나 요즘 사람들은
학교에서 늦게까지 공부하고
그것도 모자라 학원에서 과외를 받아도
머리 꼿꼿이 세운 채 멀뚱멀뚱 바라만 본다
당당해 보이지만
어쩐지 노려보는 것 같다

가을 논길을 가다가
고개 숙인 여문곡식들이
마치 절하는 것처럼 보인다
그 곡식들을 보면
마음이 착해지고 순해지고
서당에 처음 나간 날처럼
어른을 공경하는 마음이 우러난다.

-「서당에 처음 가던 날」 전문

시인의 어머니는 아들이 사람답게 살기 위해서는 서당에 다녀야 한다고 생각했던 모양이다. 사람답게 살아야 하고, 사람구실을 하기 위해서는 배워야 하기 때문에 초등학교 입학하기 전부터 어머니는 아들을 서당으로 보낸 것이다. 아들이 서당에 처음 가던 날, 서당 근처 산모퉁이에서 "서당 훈장님께 절하는 방법을/외사촌 이재이 형님이 가르쳐" 준다. 장유유서(長幼有序)와 스승과 제자 사이의 분별을 가르쳐 줌으로써 예의있는 사람의 길을 제시한 것이다. 물론 예부터 스승을 공경하는 마음을 심는 교육을 해왔겠지만 오늘날 스승과 제자 사이를 생각하면 의미있는 메시지를 전해주는 대목이다. "처음에는 어색한 절하는 법"이었지만 "점차 익숙해져/훈장님께 넙죽 절을 드렸다" 지식을 배우기 전에 인간의 예의를 먼저 배운 셈이다. "두 손 땅바닥에 모으고/항복하듯이 온몸을 굽혀/머리 숙"이는 일은 결코 '항복'하는 일이 아니다. 낮아지는 일도 아니다. 오히려 머리를 숙임으로서, 낮아짐으로써 더 높아지는 일인 것이다.

그런데 오늘날 우리 아이들은 학교에서 새벽부터 밤늦게까지 그것도 모자라 학원에서까지 공부를 하지만 "머리 꼿꼿이 세운 채 멀뚱멀뚱 바라만 본다" "어쩐지 노려보는 것 같"은 것이다. 그러면서 화자는 사람이 아닌 "고개 숙인 여문곡식들이/마치 절하는 것처럼" 느끼게 되어 "그 곡식들을 보면/마음이 착해지고 순해지고/서당에 처음 나간 날처럼/어른을 공경하는 마음이 우러난다."고 고백한다. 이 작품에서 화자는 곡식보다 못한 요즘의 세태에 대해 반성하게 하고 어른을 공경해야 함을 말하고 있다.

제1부에서는 유년에 가난했지만 굴하지 않고 꿋꿋한 모습을 보여주는 것이 주된 메시지인데 이밖에 「눈길」에서는 이청준의 소설 「눈길」을 모티브로 하여 어머니에 대한 사모의 정을 보여주고 있어 이채롭다.

제2부는 이명흠 시인이 먼저 세상을 떠난 아내에 대한 사모하는 마음과 그리움의 정서를 토로하고 있다. 시인의 아내는 비오는 날 절에 갔다 오다가 교통사고가 나 불행하게 세상을 하직하였다고 한다. 아내의 부재에 대해 안타까움이 절절하게 묻어나는 시편에서 짝 잃은 새처럼 가슴 아파하며 생전에 더 잘해줬으면 좋았을 것이라는 후회와 그리움이 시편마다 사무치게 다가온다.

또 다시 장마가 시작되고
세상은 눅눅하게 젖습니다
후덥지근한 장마전선이
차가운 내 몸을 뜨겁게 감쌉니다
당신은 비를 좋아했지만
나는 그 비가 싫습니다
당신이 떠난 그 날도 비가 내렸습니다

당신은 빗소리가 좋아

비오는 날은 아이처럼 좋아했습니다
그러나 비가 당신을 데려가고
나만 혼자 남아
빗소리를 들으며 당신을 생각합니다

당신이 가고 난 후
내 뼛속까지 비가 스며들고
나는 고통스럽지만
당신 껴안듯이
비를 맞고 있습니다

비는 연일 내리고
내 몸속 혈관 구석구석 적시는데
당신을 향하는 마음으로
뼈를 깎는 아픔으로
그리움과 사랑으로
며칠째 장맛비를 맞고 있습니다.

-「내 몸에 내리는 비」 전문

생전에 화자의 아내는 비를 좋아했나보다. 그런데 아내는 비 오는 날 먼 길을 떠났다. 그러므로 화자는 비가 싫다. 마치 비가 아내를 데려가 버렸다는 생각이 들었기 때문일 것이다. 그런데 지금 화자는 비를 맞고 있다. 장마가 시작되었기 때문이다. 이 작품에서 "비"를 바라보는 화자의 마음은 두 가지이다. 비가 아내를 데려갔다는 생각 때문에 비가 싫은 것과, 아내가 현현하여 비가 되었다는 생각이 들기 때문에 싫지만 비를 피할 수는 없다는 생각이다. 그렇기 때문에 화자는 비를 맞으며 빗소리에 귀를 기울인다. 이 모순된 태도는 아내를 사랑하는 방식이다. 그래서 "당신이 가고 난 후/내 뼛속까지 비가 스며들고/나는 고통스럽지만/당신 껴안 듯이/비를 맞고 있"다고 진술하는 것이다. 그것만이 살아있는 화자가 저 세상의 아내를 위해 할 수 있는 유일한 일인 까닭이다. 이때 비를 맞는 화자의 마음은 매우 아플 것이다. 그럼에도 그 비를 고통스럽게 맞는 일이 아내를 향하는 마음이며, "그리움과 사랑"을 전하는 형식인 것이다.

현실에서 아내를 사랑한다고 그리워하는 방법을 비를 맞음으로써 고통스러워함으로써 고통과 함께 사랑을 표현하는 방식이 「내 몸에 내리는 비」이다.

다음 작품 「당신이 떠난 뒤」 역시 같은 맥락으로 읽을 수 있는 작품이다.

당신이 땅에 묻힐 때
나도 당신과 함께 묻혔습니다
당신의 무덤에 싹이 무성할 수록
우리의 사랑이 푸르릅니다

그러나 나의 몸은 지상에 남아

당신을 그리워 합니다

저녁 무렵 현관문을 열면
미소 지으며 당신이 나를 맞을 것 같은데
나를 맞는 것은 썰렁한 냉기뿐
집안은 너무 넓고 고요 합니다

당신이 앉았던 화장대,
당신이 밥상을 마련하던 주방,
당신의 손길이 거쳤던 것들이지만
어쩐지 낯설게 느껴져 슬픕니다

나의 혼은 이미 당신과 함께 묻히고
수수깡 같은 허우대만 혼자 남아
어찌할 줄 모릅니다

오늘도 비가 내립니다
비를 맞으면 온 몸이 아파오지만
비가 오는 날은 당신이 오는 날,
그 비를 피할 수 없어
온 몸으로 비를 맞고 있습니다.

-「당신이 떠난 뒤」 전문

"당신이 땅에 묻힐 때/나도 당신과 함께 묻혔습니다" 라는 화자의 진술은 매우 충격적이다. 부부가 백년 해로를 해야 하는데 아내가 먼저 이승을 떠난 날 저승까지도 같이 가겠다는 화자의 결의를 보여주는 대목이다. 이러한 결의는 "당신의 무덤에 싹이 무성할 수록/우리의 사랑이 푸르릅니다"는 고백에서 더욱 분명해진다. 아내와 무덤까지 같이 갔으니 죽어서도 그 사랑이 변치 않아 더욱 사랑하게 되어 저 세상인 "무덤"에 풀이 무성한 것은 그들의 사랑이 깊기 때문이라는 해석이 가능하다. 그러나 아내를 사랑하는 화자의 결의가 그렇다치더라도 현실적으로 화자는 "나의 몸은 지상에 남아/당신을 그리워 합니다"는 고백처럼 실제로 아내를 따라갈 수는 없었다. 첫 번째 연에서 화자가 아내와의 변치 않을 사랑의 다짐을 보여주고 있지만 현실에서는 아내의 부재를 떨쳐버리지 못한다. "저녁 무렵 현관문을 열면/미소 지으며 당신이 나를 맞을 것 같은데/나를 맞는 것은 썰렁한 냉기뿐" 아내는 어디에도 없다. 대신 아내가 "앉았던 화장대"와 아내가 "밥상을 마련하던 주방" 등 아내의 손길이 거쳤던 것들 뿐이다. 아내를 따라 저 세상까지 가고 싶은 심정이었지만, 그러나 화자는 "수수깡 같은 허우대"일 뿐 방황하고 있다. 그래서 아내의 부재를 확인하고 화자는 여전히 세상에 혼자 남아 쓸쓸히 "비"를 맞고 있다. 비 오는 날은 "비"로 현현한 아내가 오는 날로 쓸쓸히, 그리고 아프게 비를 맞는 것이다.

이승을 떠난 아내를 몸서리치게 그리워하는 시인은 자

나깨나 아내에 대한 생각 뿐이다. 그러다가 오가며 길에서 만난 "새"를 아내의 혼령으로 인식하기도 한다.

꿈 속에서 울어대는 새 한 마리
어찌나 슬픈지 꿈에서 깨어나
꺼억꺼억 울었습니다
몸을 비틀며 통곡 했습니다

아침에 길을 가다가
잠시 장동사거리에서 신호를 기다리는데
길가 나무에 새 한 마리 앉는 것을 보았습니다
다시 돌아오는 길에 그 나무를 바라보니
여전히 그 새 한 마리 앉아있었습니다

꿈 속에서 만난 그 새 같았습니다
이승에서 못한 사랑을 위해
길가 나뭇가지에 앉아 나를 기다리는 것 같았습니다

집으로 돌아오는 길
그 새가 눈에 밟혔습니다
며칠 동안 그 새가 내 꿈속으로 날아 왔습니다

이제 하늘을 나는 새
나뭇가지에 앉은 새
세상의 새를 보면 당신 생각이 납니다

당신은 육신의 옷을 벗고
자유로운 새가 된 것일까요
여행 한번 같이 못간 지아비를 원망하며
훨훨 하늘을 날다가
내 생각이 나면 내 꿈속으로 날아왔다가
내가 가는 길목에 앉아
하염없이 나를 기다리는 것일까요

이제 내 머릿속에는
아주 어여쁘지만
왠지 슬퍼보이는 새 한 마리 들어앉아
나를 골똘하게 바라보고 있습니다.

-「새 한 마리」 전문

아내를 잊지 못하는 화자는 꿈속에서조차 아내를 생각한다. 꿈 속에서 만난 것은 슬프게 울어대는 새였다. 그래서 화자는 꿈에서 깨어나 "몸을 비틀며 통곡"한다. 그런데 "아침에 길을 가다가/잠시 장동사거리에서 신호를 기다리"다가 나무에 앉아 있는 새 한 마리를 본다. 돌아오는 길에서도 여전히 나무에 앉아있는 새를 발견하며 화자는 "꿈 속에서 만난 그 새"라고 생각하기에 이른다. 그래서 화자는 그 새가 "이승에서 못한 사랑" 때문에 자신을 기다리는 아내로 현현한 것이라고 믿는다. 집으로 돌아오면서 뿐만 아니라 며칠 동안 화자는 새를 잊지 못한다. 화자는 다시 꿈 속에 새가 날아오는 것을 체험한다. 그러므로 화자는 세상의 모든 새를 볼 때마다 아내의 생각을 하게 된다. 그리고 화자는 생각이 깊어진다. 아내가 "육신의 옷을 벗고/자유로운 새가"가 되었을 것이라고 생각하면서, 아내가 새가 된 것은 "여행 한번 같이 못" 갔기 때문에 죽어서 새가 되어 마음껏 하늘을 날아다니는 것이며, 그러다가 남편이 생각나면 화자인 남편의 꿈 속으로 날아들기도 한다는 것이다. 이제 화자는 머릿속에 새 한 마리가 들어와 있다. "아주 어여쁘지만/왠지 슬퍼보이는 새"인데 화자를 "골똘하게 바라보"는 새이기도 하다.

이 작품 속의 새는 현실적으로 화자와는 아무 상관없는 새일 것이다. 화자가 상상해 낸 새로 화자의 아내에 대한 그리움과 미안한 마음이 반영된 정서 속에 존재하는 아내의 혼령을 나타내는 상징이다. 그럼에도 독자들은 시인의 상상력이 만든 '아내의 혼령=새'라는데 의심하지 않는 것은 화자의 절실함에 공감하기 때문이다.

이밖에도 이명흠 시인의 사부곡(思婦曲)은 다양하게 펼쳐진다. 길을 가다가 쇼윈도우에 진열된 옷을 보면 아내가 생각나고(「당신의 옷」), 아내의 죽음을 알지 못한 사람으로부터 아내의 안부를 전해올 때의 참담함(「여행 떠난 당신」), 그리고 31년을 같이 살다 일찍 떠난 아내에 대한 무정함(「31년 세월」), 아내를 만나기 위해 찾아온 만년산(「만년산」), 아내가 없는 세상을 혼자 살아가야 하는 막막함(「세월아, 가거라」) 등이 제2부 곳곳에 아프게 살아있다.

제3부는 장흥의 역사성과 오늘의 모습을 담담하게 담아내고 있다. 때로는 장흥의 설화를 통해, 때로는 토요시장이나 천관산문학공원, 그리고 석대들, 장천재의 태고송을 통해 시인의 예민한 시적 촉수가 번득이는 서정을 아름답게 풀어내고 있다.

먼저 장흥의 설화를 시로 형상화한 작품을 읽는다.

뒤돌아보지 말라는
스님의 말씀도 잊은 채
살려달라는 고약한 시아버지가 안잊혀
뒤돌아보다가
어린아들을 업은 채
억불산 바위가 된
슬픈 며느리바위 사연

박림소, 옛마을을 바라보는
며느리와 개동이를
장흥사람들은 잊지 못하여
며느리바위 바라보며 마음 아파 한다네

갑자기 날씨가 궂을라치면

홍수에 휩쓸려 갈까 걱정되어
순박한 장흥 사람들은
혹시 지은 죄 없나 생각하다가
착하게 살아야겠다고
또다시 다짐을 한다네.

-「며느리바위 전설」 전문

장흥읍내 북동쪽에는 산이 둘러쳐져 있다. 억불산, 제암산, 사자산이 그것들이다. 모두가 설화가 깃든 산들로 오랫동안 장흥을 굽어보며 장흥사람들과 함께 해 온 이 산들에 대한 사랑은 장흥사람이면 모두가 각별하다. 그 중 뾰족해 보이는 산이 억불산인데 읍내에서 바라보면 산 중턱 왼쪽이 돌출해 있다. 이것이 며느리바위이다.

고약한 시아버지를 벌주기 위해 노아의 방주처럼 홍수가 났다. 며느리와 그의 아들 개동이가 피신하다가 뒤돌아보지 말라는 말을 잊은 채 살려달라고 외치는 시아버지를 뒤돌아보다가 바위가 되었다는 슬픈 전설을 간직한 것이 며느리바위이다. 전설 속에서는 며느리가 살았던 마을이 오늘날 "박림소"라는 곳인데 마치 며느리와 손자 개동이가 옛 마을을 바라보는 형국으로 서 있다고 사람들은 생각한다. 전설의 내용을 알고 있는 장흥사람들은 며느리바위를 볼 때마다 "혹시 지은 죄 없나 생각하다가/착하게 살아야겠다고/또다시 다짐을 한다"는 것이

「며느리바위 전설」의 메시지이다.

전설에는 옛 사람들의 소망과 정신이 깃들어 있기 마련이다. "며느리바위"에 깃든 장흥사람들의 소망과 정신은 슬픈 전설을 통해 '착하고' 그리고 '죄 지음 없이' 살고 싶은 것이다. 그래서 장흥 출신의 시인으로서 이명흠 시인은 그 오래된 정신을 시로 형상화시켜 온고이지신(溫故而知新)으로 다시금 권선징악(勸善懲惡)의 교훈을 환기시킨 것이다.

시인의 고향에 대한 관심과 사랑은 「석대들에서」, 「장천재 태고송」, 「청태전」 등의 시편에서는 장흥의 역사성을 담아내고 있다. 그리고 「토요시장 풍경」, 「정남진」, 「물의나라 장흥」, 「봄, 제암산에서」 등에서는 장흥의 서정을 노래하고 있다.

먼저 장흥의 역사성을 노래한 시편을 본다.

갑오년 동짓달
그 해 겨울은 지독하게 추웠지만
참으로 따뜻했네
사창에 수천 명의 장흥농민들이
살만한 세상 만들어 보자고 모여들었네
쇠시렁, 곡괭이 들었어도
총칼앞에 두려울 것이 없었네
섣달 초순, 백새에 들이닥치자
찰방이 뒤도 안 돌아 보고 줄행랑을 칠 땐

가소롭기도 했네
만 명도 더 넘는 농민들이 관아를 점령하고
그 기세를 몰아 강진, 병영을 해방시켜
좋은 세상 오는갑다고 했는데
세상은 뜻대로 안 되는 것인가
섣달 보름날
석대들에서 관군이랑 왜군과 한판을 벌였는데
평화마을, 평장마을 논밭이
온통 피로 물들였네
목숨이 붙어있는 사람들은 모두
척왜척왜를 외치며
총칼 앞에서 아무것도 무섭지 않았지만
꽁꽁 얼어가는 육친의 시신을 지켜볼 수밖에 없었네

120년이 지난 오늘
석대들엔 보리밭만 푸르지만
이방언, 구교철, 이사경, 이인환, 문남택……
할아버지들의 영혼이 석대들 끝에서
동학혁명기념탑에 깃들어
석대들을 바라보고 서 있네.

-「석대들에서」 전문

「석대들에서」는 동학 최후의 격전지로 알려진 장흥 석대들 전투와 외세에 저항한 장흥사람의 정신을 형상화시킨 작품이다. 화자는 도입부에서 "갑오년 동짓달/그 해 겨울은 지독하게 추웠지만/참으로 따뜻했"다고 모순된 어법을 사용하고 있다. 상식적으로 '추웠는데 따뜻했다'고 말할 수는 없지만, 이는 실제 날씨는 추웠지만 농민군들의 "살만한 세상"과 "척왜척왜를 외치며" 일본에 대항한 정신이 장하다는 의미로 읽어야 할 것이다. 이 작품에는 구체적인 장흥의 지명들이 나오는데 "사창", "백세", "평화마을", "평장마을", "석대들"이 그것이다. 뿐만 아니라 동학혁명시 활동했던 농민지도자들의 실명도 등장한다. "구철교, 이방언, 이사경, 이인환, 문남택…"이 그들인데, 이렇듯 구체적인 지명과 인명이 작품 속에 등장함으로써 작품의 리얼리티를 한층 실감나게 하는 역할을 한다. 지금도 동학도들의 후손들이 살아있기 때문에 장흥에서 동학은 면면히 살아있는 장흥의 사상과 정신의 기표라고 할 수 있다. "사창에 수천 명의 장흥 농민들이/살만한 세상 만들어 보자고 모여들었"는데 "쇠시랑, 곡괭이"로 총칼 앞에 눈을 부릅뜨고 대적한다. 농민군은 오직 좋은 세상을 만들기 위해 제대로 된 무기도 없이 총칼을 두려워하지 않고 싸워 관아를 점령하고 강진까지 그 세력을 넓힌다. 그러나 훈련되고 신식무기를 든 일본군과 석대들에서 싸워 장렬하게 죽음을 맞게 된다. 그 비극적인 종말은 "평화마을, 평장마을 논밭"을 온통 피로 물들였다. 선달 보름날의 추위 속에 "꽁꽁 얼어가는 육친의 시신을 지켜볼 수밖에 없"는 참담함을 간직한 이 석대들엔 120년 전 그곳에서 흘렸던 농민들의 피가 푸르른 보리밭으로 자라고 있다. 그러니까 "보리밭"의 푸르름은 눈에 보여지는 풍경이 아니라 농민들이 흘린 피의 대가가 오늘 장흥의 빛나는 정신으로 승화되었음의 은유이다.

우리나라 역사상 농민들이 일어선 유일한 혁명으로 빛나는 '동학농민혁명'은 봉건에서 근대로 가는 기폭제가 되었다. 그 혁명의 종말을 장흥사람들이 맞았음은 장흥사람들의 드높은 기개와 기상이 온 천하에 빛났음을 말해준다. 시인은 이처럼 빛나는 장흥의 역사 속에서 장흥의 정신을 읽어내고 있다.

한편 이명흠 시인은 「천관산문학공원」에서 장흥이 우리나라 문학의 중심임을 알리기도 한다.

천관산에
천하의 문장들이 모두 모였다
어린 날 소풍처럼
숲속에서 보물찾기 하듯
나무 사이에서 열심히
무언가를 찾는가 싶었는데
자세히 바라보니
천국에 가 있는 구상 시인이
"너의 앉은 그 자리가
바로 꽃자리니라" 하고
최근에 이북 고향을 찾아간 김규동 시인이

「희망」을 낭랑하게 낭송한다.
그러자 그 옆에 있던 문병란 시인이
「정다운 대덕 사람」들의 이름을 부르고
소설가 최일남 선생이
대덕사람들에게 「메시지」를 보낸다.
시낭송 소리가 천관산 골짜기에 울려퍼지자
어느새 주변에
김해성, 허형만, 김제현, 차범석, 송기숙, 이성복,
이청준, 한승원, 전상국, 이인화, 양귀자, 박범신 등
전국의 내놓으라 하는 시인과 소설가들이 모여들어
귀를 기울이다가,
돌아가며 밤새 시를 낭송하는 것이다.

-「천관산문학공원」 전문

면면히 장흥문학의 전통을 살펴보면 가히 우리나라 문학의 중심지라는 것을 알 수 있다. 우리나라 국문학사상 기행가사의 시조인 백광홍을 비롯해 수많은 시인들이 조선시단을 장식했다. 최근까지도 규방가사의 전통이 이어져 내려왔음은 우연한 일이 아니다. 이러한 전통은 현대문학에도 이어져 이청준 · 송기숙 · 한승원 · 이승우 등 소설가와 현재 활동하고 있는 문인들이 백여 명이 넘는 것은 장흥의 지세와 환경, 그리고 문학전통이 여전히 살아 숨쉬고 있음을 반증한다. 그러므로 장흥의 군수인 이명흠 시인이 전국 최초, 전국 유일의 문학특구를 조성하

여 장흥을 우리나라 최고의 문학의 텃밭으로 일구고 있는 것이다.

그 문학의 텃밭의 산실이라고 할 수 있는 곳이 천관산에 조성한 "천관산문학공원"이다. 이곳에는 전국의 내놓으라 하는 문인들의 작품비가 숲 속에 서 있다. 그리고 그곳에는 문학관이 자리잡고 한국문학의 미래를 육성하고 설계하고 있다.

천관산에 장흥문학의 산실인 "천관산문학공원"이 있다. 시인의 말대로 이곳에는 "천하의 문장들이 모두 모"여 있다. 많은 문학비 중에는 구상 시인과 김규동 시인, 문병란 시인 등을 비롯해 소설가 최일남에서부터 박범신, 양귀자, 이청준, 송기숙, 한승원 등 기라성 같은 작가들의 작품비가 즐비하다. 이들의 상징은 단순히 문학비가 많이 서 있다는 것만을 의미하지 않는다. "전국의 내놓으라 하는 시인과 소설가들이 모여들어/귀를 기울이다가/돌아가며 밤새 시를 낭송하는 것이"라는 말에서 유추할 수 있듯 장흥이 우리나라 문학의 중심임을 암시하고 장흥문학의 희망찬 미래를 예고하는 것으로 해석해도 무방할 것이다.

이밖에도 제3부에서는 장흥의 정신을 나타내는 「장천재 태고송」, 동양명차의 전통을 보여주는 「청태전」, 마음이 둥글어서 착한 사람들이 사는 고장을 나타낸 「정남진」, 토요시장의 풍물과 장흥의 인정을 형상화시킨 「토요시장」을 노래하고 있다. 장흥의 살림살이를 이끌고 있는 수장으로서 장흥의 역사와 전통을 자랑스럽게 생각하고, 장흥이 살기좋은 고장임을 세상에 알려야겠다는 의지가 시편마다 깃들어 있다.

제4부의 작품들은 이명흠 시인이 자연과 사물과의 교감에서 얻어진 정서를 시로 형상화한 것들로 꾸며져 있다.

들판에서 외롭지만 사랑하는 사람 곁에서 피고 싶은 소망을 들국화라는 꽃을 통해 들려주는 「들국화」, 진실되게 살아야 함을 말해주는 「낮에 나온 달」, 나무가 겨울을 견디기 때문에 아름다운 봄을 맞을 수 있다는 「겨울 스케치」, 권력의 무상함과 욕망의 부질없음을 나타낸 「줄」, 영원한 권력이 없음을 들려주는 「해와 달」, 인간의 욕망을 고발한 「스모그」 등 다양한 시인의 미의식을 보여주고 있다.

사랑을 모르고
그냥
물처럼 흘러가는 마음
원망하지 않는다

아무도 찾아오지 않지만
그리운 마음은
당신의 화병 속
꽃이 되고 싶다

오늘은

들이나 야산 외진 곳에서
바람에 흔들거린다.

-「들국화」 전문

정치적 · 사회적 이념을 담고 있지 않은 이 작품은 사랑에 대한 시인의 관념이 투사되어 있다. 홀로 바라보는 사랑의 대상이 그 "사랑을 모르고" "물처럼 흘러가"도 화자는 "원망하지 않는다" 화자는 "들이나 야산 외진 곳에" 있기 때문에 사랑의 대상에게 눈에 잘 띄지 않는다. 그래서 "아무도 찾아오지 않"는다. 그렇기 때문에 화자는 더욱 외롭다. 그러나 화자는 사랑의 대상이 그립다. 연모의 정이 깊은 것이다. 전통적인 우리나라 여성의 사랑법처럼 사랑하는 사람에게 차마 사랑을 전하지 못하고 기다리는 화자의 마음이 소극적인 것이 화자의 사랑법이다. 그런 화자는 "그리운 마음"으로 "당신의 화병 속/꽃이 되고 싶"어 한다. 이 작품엔 "들국화"를 바라보는 시인의 마음이 담겨져 있다. 들이나 야산 외진 곳에 피어 바람에 흔들거리는 들국화의 이미지를 전통적인 우리나라 여성의 사랑법으로 형상화했다고 볼 수 있다.

이에 반해 다음 작품 「겨울 전나무」는 조선 선비의 올곧고 강인한 정신을 노래하고 있다.

하얀 눈 속에서

우산 쓴 채
기다리는 봄

푸른 향기 머금은
잎 새의 초록웃음

하늘 향해 맺은
솔방울

곧게 뻗은
수려한 용기.

-「겨울 전나무」 전문

겨울 전나무의 모습을 그린 이 작품은 선비정신의 한 일면을 보여준다. “하얀 눈 속에서/우산 쓴 채” 전나무가 견뎌내는 것은 봄을 맞을 수 있다는 희망 때문이다. 그렇기 때문에 추운 겨울이라는 열악한 환경을 극복하며 “푸른 향기 머금”을 수 있고 “잎새의 초록웃음”을 지을 수 있는 것이다. 뿐만 아니라 자신의 영토를 넓힐 수 있는 “하늘 향해” “솔방울”을 맺고 있다. 이러한 겨울 전나무의 모습을 뒤틀리지 않고 “곧게 뻗”어 있고 자태는 “수려”해 “용기”있게 서 있는 것이다. 기다림의 미학을 보여주는 이 작품은 ‘희망’을 상징하는 “봄”이 올 것임을 믿고 있기 때문에 가능한 것으로 자신의 삶을 쉽게 포기하는 사람들에게 희망의 메시지를 전하고 있다.

"겨울"을 전경화시켜 노래한 시편으로 「겨울 스케치」가 있다. 이 작품 역시 추운 날씨 임에도 불구하고 대나무가 흰 눈을 짊어지고 "푸른 희망의 새싹을 키워 올리기 위해서"이다. 「겨울 스케치」는 "겨울 추위"와 "눈의 무게"를 "수행"과 "단련"의 기회로 삼고 있는데 이 또한 독자들에게 어려운 환경을 딛고 극복할 수 있음을 전하고 있다.

다음 작품은 "행복"에 대한 시인의 인식의 태도를 보여준다.

술 취한 노숙자요
여러분 보시는 것처럼 불행하지 않답니다.
당신도 노숙자 되어
빈 속에 술 한 잔 부어보세요.
아등바등 사는 세상 큰 우주가
얼마나 작아 보이는지
그러니 당신의 잣대로만 평가하지 마세요.
밥 한 끼 잘 먹는 게 무슨 대수라고
히 히……
간섭 하지마 난 행복하니까
내 세상이요, 이제 더 잃을 것도 명예도
없답니다.
오직 버티고 설다리 하나면

족하다니까요
노숙자 당신은 게으름뱅이
그러나 멋쟁이!

-「행복의 차이」 전문

“술 취한 노숙자”를 바라보는 일반적인 시각은 노숙자가 ‘가엾다’, ‘게으르다’라고 생각하기 마련이다. 흔히 노숙자들은 인생에서 패배한 자들이라고 인식하기 때문이다. 그런데 화자는 노숙자에게도 “행복”이 있다고 생각한다. 이는 경제적 능력으로 행복을 평가하는 세상 사람들의 기준을 버리고 가난하지만 “더 잃을 것도 명예도/없”기 때문에 행복할 수 있다고 한다. 뿐만 아니라 “아등바등 사는 세상”을 “큰 우주”에서 바라보면 아주 사소하고 작은 것이라고 말한다. 이는 시인의 인생관이 “밥 한 끼 잘 먹는 게 무슨 대수”라는 인식에서 알 수 있는 것처럼 화자는 잘 먹고 잘 사는 것만이 행복한 일이 아님을 말하고 있다. 그러면서도 화자는 “오직 버티고 설 자리 하나”를 가지고 있으면 노숙자가 되어 술 취해 있지만 절망하지 말고 자신의 삶을 잘 이끌어야 한다는 메시지를 첨언하고 있다.

이명흠 시집
여행 떠난 당신에게 부치는 편지

2012년 5월 5일 인쇄
2012년 5월 20일 발행

지은이 | 이 명 흠
펴낸이 | 강 경 호
펴낸곳 | 도서출판 시와사람
등 록 | 1994년 6월 10일 제 05-01-0155호
주 소 | 광주광역시 동구 금동 8-1번지
전 화 | (062)224-5319
팩 스 | (062)225-5319
E-mail | jcapoet@hanmail.net

ISBN 978-89-5665-350-1 03810

값 10,000원

공급처 ■ 한국출판협동조합
경기도 파주시 탄현면 오금리 202번지
주문전화 (02)716-5616, 070-7119-1740